Ruedi Schärer

Reisen ohne Sorgen

Ein Handbuch für Einzel-, Gruppen- und Alternativ-Reisende

Ein Ratgeber aus der Beobachter-Praxis

Der Autor:
Ruedi Schärer, Redaktor in Basel

Mitarbeiter:
Lotti Hähnle, Beobachter-Redaktorin, schrieb die Kapitel:
„In der Ferienwohnung" und „Paradies mit Fehlern". Sie stellte auch
die Fälle aus der Beobachter-Praxis zusammen.
Die medizinischen Kapitel wurden auf Grund von Informationen
der „Schweizerischen Stiftung für Gesundheitserziehung" Zürich,
erarbeitet.

Herausgeber: Der Schweizerische Beobachter, Buchverlag
Lektorat: Lotti Hähnle/Martin Brugger
Anhang: Gertrud Hillerbrand
Schutzumschlag: Atelier Binkert, Regensberg
Satz: Fosaco AG, Bichelsee
Druck: Chemigraphisches Institut, Glattbrugg
Buchbinder: Buchbinderei Bachmann & Co. AG, Zürich
1. Auflage 1984
ISBN 3 85569 023 5
Auslieferung für den Buchhandel:
Orell Füssli Verlag Zürich/Schwäbisch Hall
ISBN 3 280 01507 3

Liebe Leserin, lieber Leser

Ferien sollen vorwiegend der Erholung dienen. Die Praxis zeigt jedoch immer wieder, dass allzu viele Reisende mit Problemen konfrontiert werden, die sich bei verbesserter Vorbereitung vermeiden liessen.

Hier helfend einzugreifen ist die Aufgabe unseres Ratgebers. Er will neben umfassender, praxisbezogener Information über alle Aspekte des Reisens auch Verständnis wecken für die Probleme, die ein ungehemmter und rücksichtsloser Tourismus in die Ferienländer tragen kann. Toleranz gegenüber fremden Sitten und Bräuchen, ein waches Interesse für ferne Kulturen und die darin lebenden Menschen, kann jede Reise ganz wesentlich bereichern. „Reisen ohne Sorgen" will Ihnen aber auch ganz konkret aufzeigen, wie Sie zu Ihrem Recht kommen, wenn wirklich einmal etwas schiefgehen sollte.

Was ist Reisen? Reine Ortsveränderung? – Keineswegs. Reisen heisst, seine Meinungen und Vorurteile zu ändern!

(Anatole France)

In diesem Sinne: Schöne Ferien!

Glattbrugg, im März 1984

Der Schweizerische Beobachter
Buchverlag

5

Inhaltsverzeichnis

10

Planen

Lasst uns die Ferien planen!

Ferienpläne schmieden ist herrlich — setzen wir uns gemütlich zusammen an den Tisch, gewappnet mit Schreibzeug, Karten, Stadtplänen und den neuen Ferienprospekten. Nun, vorerst müssen wir eine wichtige Regel berücksichtigen: Alle Ferienteilnehmer sollen anwesend sein, damit wir alle Anliegen und Wünsche anhören und soweit wie möglich berücksichtigen können. Sicher gilt es, hier und dort einen Kompromiss zu schliessen, damit alle auf ihre Art zu erholsamen und erlebnisreichen Ferien kommen.

Jetzt tauchen grundsätzliche Fragen auf:

■ *Wie* wollen wir Ferien machen? — Aktiv, voller Bewegung, mit vielen Unternehmungen, Ausflügen, Hobbies usw. oder eher passiv, mit viel Ruhe, Sonne und Zeit zum Lesen, Träumen und vollkommenem Abschalten?

■ Mit *wem* wollen wir die Ferien verbringen? — Allein oder zu zweit, in der Familie, mit Freunden und Bekannten, in einer durch das Reisebüro zusammengestellten Gruppe oder in einem Feriendorf?

■ *Wo* soll unser Ferienort sein? — Zu Hause, in der Schweiz, in einem angrenzenden Land, im Norden, in den Tropen, in Fernost, im Wilden Westen?

Für was immer Sie sich entscheiden: Wichtig ist, dass alle sich genau absprechen und ihre Vorstellungen bekanntgeben. Eine demokratisch durchgeführte „Familien-Ferienkonferenz" bringt ein Ergebnis, dem meist alle Beteiligten zustimmen können.

Sich informieren geht über reklamieren

Wer sich informiert, kann viel besser planen. Besonders wenn Sie ein Ferienziel erstmals anpeilen, sollten Sie sich umfassend informieren, um nachher nicht enttäuscht aus verpatzten Ferien zurückzukehren.

Informationsmöglichkeiten

- Prospekte, Kataloge und Inserate der Reisebüros
- Broschüren der Botschaften und Konsulate
- Prospekte der Kur- und Verkehrsvereine
- Prospekte der Fluggesellschaften
- Ferienbeilagen in Zeitungen und Zeitschriften
- Reise- und Abenteuermagazine
- Ferienführer für Familien, Senioren, Behinderte
- Merkblätter und Broschüren von Banken
- Reisehandbücher und Bildbände

Eine neue Art der Ferienort-Information ist das *Video-System:* Einige Reiseunternehmen arbeiten mit *Videokassetten,* die ein informativeres Bild vermitteln können als Fotos und Prospekte. Die Kassetten können gekauft oder gemietet werden. Vorteil: Sie können sich in Ruhe, zu Hause informieren. Zahlreiche Reisebüros arbeiten auch mit *Laser-Bildplatten.* Auch mit *Videotex* — einer Kombination von Telefon und Fernsehen — soll künftig gearbeitet werden.

Wichtige Informationsquellen sind Bücher, Radio- und Fernsehsendungen mit Dokumentarberichten über Land und Leute sowie Bekannte, die das betreffende Gebiet aus eigener Erfahrung kennen.

Im Anhang (S. 189) finden Sie Adressen von staatlichen Verkehrsbüros, von denen Sie Unterlagen für Ihre Ferienplanung anfordern können.

Wer sich über sein Ferienziel umfassend orientiert, kann viele Enttäuschungen vermeiden, bringt fremden Völkern und Sitten mehr Verständnis entgegen und trägt unerwartete Ereignisse viel gelassener.

Einen guten Rat gibt uns Kurt Tucholski:

„Entwirf deinen Reiseplan im grossen — und lass dich im einzelnen von der bunten Stunde treiben. Die grösste Sehenswürdigkeit, die es gibt, ist die Welt — sieh sie dir an.

Niemand hat heute ein so vollkommenes Weltbild, dass er alles verstehen und würdigen kann: Hab den Mut, zu sagen, dass du von einer Sache nichts verstehst. Nimm die kleinen Schwierigkeiten der Reise nicht so wichtig; bleibst du einmal auf einer Zwischenstation sitzen, dann freu dich, dass du am Leben bist, sieh dir die Hühner an und die ernsthaften Ziegen, und mach einen kleinen Schwatz mit dem Mann im Zigarrenladen.

Entspanne dich. Lass das Steuer los. Trudele durch die Welt.

Sie ist so schön: Gib dich ihr hin, und sie wird sich dir geben."

(Aus: Kurt Tucholski „Gesammelte Werke", Rowohlt-Verlag)

Ferien selbst organisiert

Wenn Sie Ihr eigener „Ferien-Regisseur" sein wollen, bedeutet das wohl einen zeitlichen und teilweise auch finanziellen Mehraufwand, doch ist diese Beschäftigung enorm spannend und kreativ. Sie sind für Transport, Unterkunft, Essen, Ausflüge, Veranstaltungen und manches andere selbst zuständig und können sich ein massgeschneidertes Programm zusammenstellen, das Ihren Bedürfnissen und Wünschen entspricht.

Im Reisebüro gebucht

Vielleicht entscheiden Sie sich aber für eine im Prospekt angebotene Reise. Dies hat seine Vorteile:

■ Für alles ist gesorgt, Sie müssen sich um wenig kümmern.

■ Ihr Reiseleiter oder der Betreuer am Ferienort ist für Sie da und hilft mit Auskunft, Rat und Tat.

■ Sie brauchen nicht zu organisieren oder zu reservieren — im Reisepreis ist (fast) alles inbegriffen.

17

Nachteile sind:

■ Sie können bei einer Rundreise das Programm nicht ändern; alle Stationen sind fest eingeplant.

■ Die Mahlzeiten im Hotel sind bereits bezahlt; „fremd essen" geht zu Lasten der eigenen Brieftasche.

■ Sie müssen wieder mit der Gruppe zurückfliegen; eine allfällige individuelle Rückreise muss gesondert bezahlt werden.

Camperplatz besetzt

Dank ihrem Improvisationstalent und der Hilfe von Fremden verlief die Camperreise von Ursula und Leni doch noch gut. Sie hatten sich in der Schweiz für eine Trekkingreise durch Amerika angemeldet, und zwar ab New York. Als sie am vereinbarten Ort zur abgemachten Zeit eintrafen, erklärte die auf solche Reisen spezialisierte amerikanische Firma, für die beiden Schweizerinnen keinen Platz reserviert zu haben, weil das Geld aus der Schweiz nicht rechtzeitig eingetroffen sei. Erst ab Los Angeles hätte es zwei freie Plätze. Das Schweizer Reisebüro aber konnte beweisen, den Betrag rechtzeitig überwiesen zu haben und meinte, Überbuchungen seien oft schuld, dass Kunden einfach nicht mitgenommen oder auf andere schwer verkäufliche Touren umgebucht würden. Ursula und Leni flogen auf eigene Faust (und Rechnung) nach Los Angeles und konnten mit einer zusätzlichen Greyhound-Busfahrt schliesslich ihre Reisegruppe doch noch erreichen. Obwohl dem schweizerischen Reisebüro kein Fehler nachgewiesen werden konnte, vergütete es nach langem Hin und Her den beiden jungen Touristinnen die entstandenen Mehrkosten.

Hotelzimmer selbst gebucht

Selbst buchen ist nicht unbedingt billiger. Wenn Sie über ein Reisebüro reservieren lassen, wird Ihnen dort in den meisten Fällen der Originalpreis belastet. Vergewissern Sie sich aber vor jeder Buchung, ob dem wirklich so ist und wie hoch allenfalls die Vermittlungsgebühr ist. Bei einigen Reiseunternehmen werden nur die effektiven Telefon- und Telexgebühren verrechnet, bei anderen ist eine Pauschale von Fr. 20.– zu zahlen.

Die direkte Reservation eines Hotelzimmers ist für beide Parteien verbindlich, sobald die Buchung bestätigt wird. Bei Reservationen für mehrere Tage erfolgt die Auftragsbestätigung aus Beweisgründen am besten schriftlich. Eine Absage (wegen schlechtem

Wetter zum Beispiel) ist mit Kosten verbunden; das Hotel kann Schadenersatz verlangen, wenn zur Unzeit (kurzfristig) gekündigt wird und das Zimmer nicht anderweitig belegt werden kann. Der Hotelierverein sieht in seinen Richtlinien die Bezahlung von 3 Tagespauschalen vor, einzelne Hotels verrechnen 30 Prozent des Buchungsbetrages.

Die Kunst, Reiseprospekte zu lesen

Ferienreisende sollten sich gezielt und detailliert informieren, denn: Eine Ware kann man erst prüfen und dann bezahlen, ein Reisearrangement hingegen berappt man *im voraus*.

In Prospekten und Inseraten werden uns die vielen Reiseziele in den buntesten Farben geschildert, ein spannendes Programm versprochen, mit dekorativen Bildern illustriert und zu meist erstaunlich günstigen Preisen angeboten. Schlagzeilen wie diese sind auf Schritt und Tritt zu lesen:

„Geheimtip Insel Tanaura!" − „7 Tage Hochseekomfort auf der XY-Tiefpreiswelle!" − „Hier ist noch tiefstes Schwarzafrika!" − „Superstrände und viel Sonne!" − „Paradiesische Billigferien auf Symi!" − „17 supergünstige Angebote zum Sofortbuchen!" − „Das perfekte Bangkok-Erlebnis!" usw. − Superlative und Preisgünstigkeit schreien um die Wette. Was steckt hinter all diesen Verheissungen? Nehmen wir als Beispiel ein Arrangement aus einem Katalog unter die Lupe:

Acht Tage Ostafrika . . .

Diese acht Tage Ostafrika sind in Wirklichkeit nur fünf Tage eigentliches Afrika-Erlebnis, denn so lesen wir weiter im Prospekt:
1. Tag: Flug Zürich − Nairobi
   Am Abend Abflug mit Chartermaschine
2. Tag: Nach der Ankunft am Morgen Fahrt ins Hotel X
   Nachmittag zur freien Verfügung.

Den ersten Tag verbringen wir also zu drei Vierteln noch zu Hause, am zweiten Tag erholen wir uns vom für viele ungewohnten, langen Nachtflug und unternehmen vielleicht noch einen Stadtbummel.

Am Rückreisetag geht meist viel Zeit verloren mit Kofferpacken, mit Warten auf Bus und Flugzeug. Startet das Flugzeug bereits am Morgen oder am frühen Nachmittag, beansprucht die Reise gesamthaft drei Tage.

...ab Fr. 880.—

Dieses „ab" lockt immer wieder Unerfahrene an und verleitet sie, scheinbar günstige Arrangements zu buchen. Hinter einem solchen Angebot steckt jedoch folgendes:

■ nur wenige Abflüge zu diesem Preis, dazu oft ausserhalb der Saison

■ nur Zimmer/Frühstück, Unterkunft manchmal in 3er- oder 4er-Zimmern

■ Versicherungen, Flughafentaxen und Visa-Gebühren nicht inbegriffen

■ Extra-Bezahlung für Mahlzeiten und Ausflüge

Nicht zu vergessen ist der oft gewaltige „Afrika-Durst". Auch Reiseandenken können massive Löcher in die Brieftasche reissen. Im Endeffekt kommt einem die Safari gut dreimal teurer zu stehen als im Prospekt angegeben; von Preiswürdigkeit ist nicht mehr viel zu spüren. Diese Überlegungen treffen natürlich nicht für jene zu, die einfach billig in ein Land reisen wollen, um dort unabhängig von Hotels und Programmen unterwegs zu sein.

■ Wer finanziell sorglose Ferien verbringen will, buche eine Reise, die auf den ersten Blick nur halb soviel kostet wie er eigentlich ausgeben will.

Unlautere Werbung

Dass Inserate für besonders günstige Reisen oft vor allem als Blickfang dienen sollen, erlebte André R. Ein Reiseveranstalter bot Arrangements für Sri Lanka mit Charterflug und bescheidener Unterkunft zum Preis „ab Fr. 1390.—" an. Direkt unter der Summe waren auch verschiedene Abflugtermine während des ganzen Sommers angegeben. Als sich André R. für einen Termin im Juli interessierte, erhielt er zur Antwort, dann betrage der Mindestpreis Fr. 1590.—, es handle sich um „ab-Preise". Solche Lockvogel-Angebote sind oft nur in ganz beschränkter Zahl vorhanden, beziehen sich eventuell auf Dreibettzimmer oder äusserst bescheidene Unterkünfte bei Privaten, die nur proforma angeboten werden, da „nur-Flüge" im Charterverkehr an sich verboten sind. Dass André R. dann bei einem Reisebüro buchte, welches auf solche Lockvogel-Politik verzichtete, und dabei gerne etwas mehr zahlte, zeigt, wie der kritische Konsument durch sein eigenes Verhalten die Firmen zu korrekter Werbung „erziehen" kann.

Was zwischen den Zeilen steht

Auch was unsere Ferien betrifft, müssen wir klar und logisch denken, bevor wir beim Anblick der Prospekte schnell in paradiesische Träumereien versinken. An Ostern kann man auf Sardinien noch nicht baden, in der Hochsaison entdecken wir wohl kaum einen leeren Sandstrand an der Adria, und der Verkehrsverein von Libyen hat immer noch keine hübschen Spazierwege dem Meer entlang gebaut. Anderseits ist es nicht immer möglich, sich ausreichend über sein Reiseziel zu informieren. Ein Ferienort kann sich schnell verändern (Neubauten, Strassenführung, Wechsel in der Hotelleitung usw.), weshalb die verfügbaren Prospekte nicht immer dem neuesten Stand entsprechen können. Orientieren wir uns deshalb auch anhand von guten Reiseführern und Bildbänden oder Freunden, die schon die gleiche Reise machten und uns gewiss einige Tips geben können. Doch nützlich — und dazu noch amüsant — ist, zwischen den Zeilen der Prospekte zu lesen; dies erspart uns Enttäuschungen.

Im Prospekt steht:	Kann heissen:
„zentral gelegenes Hotel ..." „speziell geeignet für junge Leute ..." „viel Betrieb, hauseigene Diskothek ..."	lärmiges Hotel
„Oase der Stille ..." „einfache Pension irgendwo am Mittelmeer ..." „völlige Ruhe ..."	langweilige, alte Unterkunft, evtl. weit weg vom nächsten Ort oder Einkaufszentrum
„besonders für ältere Leute geeignet ..."	muffiges, altes Hotel ohne Badestrand
„besonders geeignet für Kinder ..."	seichtes Wasser (für Nichtschwimmer)
„Naturstrand ..."	ungepflegte Steinwüste
„romantische Felsküste ..."	besser für Photofreunde geeignet als für Badelustige

Im Prospekt steht:	Kann heissen:
„in der Nähe des Hafens . . ."	weit weg vom Badestrand
„saftig grüne Landschaft . . ."	hier regnet es oft
„nur 17 Tage Regen pro Jahr!"	Wüste
„Tischtennis, Liegestühle, Strandschirme . . ."	hier ist nicht viel los
„Gastfreundliche Bevölkerung, Ferienparadies, glückliche Atmosphäre, Märchenland . . ." usw.	besagt überhaupt nichts, blosser Fülltext

Sole heisst Sonne

Wie mit Katalogtexten falsche Erwartungen geweckt werden, erlebte Nina H. Sie wollte dem kalten Winter entfliehen und buchte ein Hotel auf Mallorca, das gemäss Katalog über ein Meerwasser-Hallenbad und Solarium verfügt. Das Solarium entpuppte sich als einseitig geschützte Terrasse.

„Geheimtips"

Immer wieder liest man in Zeitungen und Zeitschriften von geheimen Tips über ein touristisch noch unberührtes kleines Bergdorf oder eine lauschige menschenleere Bucht am Meer. Doch was heisst hier „Geheimtip"? Sobald diese Offenbarung gedruckt vor uns liegt, ist sie ja alles andere als ein ins Ohr geflüsterter Hinweis. Jetzt wissen es Tausende und sie werden in corpore dorthin pilgern, um die beschriebene Unberührtheit zu erleben, „bevor die anderen kommen und alles verderben!". Doch sie werden nicht die ersten sein, die den gepriesenen Traumort erreichen, denn auch andere haben vom „Geheimtip" Wind bekommen und nehmen ihnen nun mit ihrer Anwesenheit die Freude, ein unentdecktes Paradies vorzufinden.

Ferienarten

Heute gibt es Ferienmöglichkeiten für jeden Geldbeutel und für jede Interessenrichtung. Welche Ferienart liegt Ihnen? Hier eine Übersicht über das reiche Angebot:

■ **Ferien daheim**
Sie sind „naheliegend", Anregungen dazu Seite 35.

■ **Badeferien**
sind bekannt, brauchen keine besondere Erklärung.

■ **Autoferien**
Mit Wohnwagen oder Mobilhome durchs Land ziehen ist praktisch, da man unabhängig von Hotel und Restaurants ist.

■ **Campingferien**
sind preiswert und oft mit ungewohnter Romantik verbunden.

■ **Veloferien**
Gemütliches Etappenstrampeln wird immer beliebter, besonders in Holland, Dänemark, England und Irland.

■ **Wanderferien**
für „Wandernieren" mit Kondition, gut geeignet für Kontaktfreudige und Naturfreunde.

■ **Trekking**
Anspruchsvolles Marschieren mit mehr Gepäck, für Sportliche mit Abenteuerblut.

■ **Safaris**
Kleinbusausflüge in Tierreservate, besonders für Tierfreunde und Fotobegeisterte.

■ **Expeditionen**
Exklusive Kleingruppenunternehmen. Komfort meist kleingeschrieben, mit ungeplanten Zwischenfällen muss gerechnet werden!

■ **Kreuzfahrten**
Kurzvisiten in verschiedenen Ländern und Städten auf dem Seeweg (Mittelmeer, Karibik usw.), bedeutendes Bordleben, Erholung auf See.

■ **Weltreisen**
(Für viel Geld wenig sehen!) Strapaziöse Blitzbesuche weniger Plätze, Abhaken der Renommierziele als „gemacht": anschliessend Erholungsurlaub empfohlen!

Weltreise für 800 Franken ...!

Wenn der Preis für einen Touristen so unwichtig ist, dass er sich bei der telefonischen Buchung nicht einmal danach erkundigt, dann ist seine nachträgliche Beschwerde fehl am Platz. Alfred H. hatte eine Woche in einem Mittelklasshotel samt Vollpension in Ibiza gebucht, ohne sich nach den Kosten zu erkundigen. Er zahlte die 800 Franken auch ein und kritisierte den Preis erst, als im Hotel nicht alles seinen Vorstellungen entsprach. Nach der Rückkehr verlangte er 50 Prozent zurück, denn für das Hotel hätte der Reiseveranstalter nur 100 Franken bezahlt. Dies habe er an Ort und Stelle erfahren. Und der Flug koste mit Sicherheit keine 800 Franken, damit könne man ja eine Weltreise machen. Ideen haben einzelne Touristen!

■ **Städteflüge**

Kurzreisen für Einkaufsfreudige und für kulturell Interessierte (Konzerte, Ausstellungen, Museen, Bauten usw.).

■ **Sprachferien**

zum Neulernen oder Auffrischen einer Fremdsprache, am besten im entsprechenden Sprachgebiet.

Achtung: möglichst in staatlich anerkannten Sprachschulen lernen, wo für Methodik und gutes Lernmaterial gesorgt ist.

■ **Sportferien**

Betonung auf körperliche Betätigung. Kurse in Segeln, Tauchen, Fischen, Golf, Reiten, Bergsteigen, Segelfliegen usw. (für Australien-Fans: Bumerang-Kurse!).

■ **Ferien auf dem Bauernhof**

Besonders für Kinder und auch Familien aus der Stadt geeignet. Mithilfe in Feld und Wald ist bester seelischer Ausgleich. Nachteile: nächstes Dorf oft ziemlich weit entfernt, kein Badestrand, oft kein Aufenthaltsraum für die Gastfamilie − vorher über die vorhandenen Räumlichkeiten erkundigen.

■ **Landdienst**

Bei jungen Leuten wieder aktuell, es wird eine Entschädigung bezahlt.

■ **Ferienjobs im Ausland**

Sind bei der heutigen Wirtschaftslage nicht mehr so einfach erhältlich. Mit entsprechenden Sprachkenntnissen lässt sich in amerikanischen, kanadischen und australischen Motels, Drugstores, Snackbars usw. arbeiten. In verschiedenen europäischen Ländern ist es auch möglich, während der Ernte oder Weinlese kurzfristig als Helfer einzuspringen und so die Ferienkasse etwas aufzubessern. Aufenthalte in israelischen Kibbuzim oder Mitarbeit in Kinderlagern sind weitere Ideen. Adressen und Informationsbroschüren s. Anhang Seite 192.

■ **Wohnungstausch**

Mit einem Wohnungstausch kann das Ferienland intensiver und erst noch günstiger erlebt werden als in einer unpersönlichen Ferienwohnung. Adresse im Anhang Seite 192.

■ **Reisen in Tierreservate („Safaris")**

Speziell organisierte Touren zur Tierbeobachtung bringen persönliche Bereicherung und fördern das Verständnis für die Fauna.

■ **Hobbyferien**

Mal-, Töpfer-, Bildhauer-, Kunstgeschichtskurs, Unterricht in Häkeln, Alphornblasen, Marionettenspielen usw.

■ **Gesundheitsferien**

Kosmetik- und Schlankheitskuren, Fitness- und Diabetikerbehandlungen sowie verschiedene Spezialkuren (oder: Meditieren bei einem buddhistischen Mönch auf Sri Lanka).

■ **FKK-Ferien**

Wer nur mit Sonnenöl bekleidet sein will, hat viele Möglichkeiten in der Schweiz, in der BRD und im Mittelmeerraum: einschlägige Vereine und Kataloge geben nähere Auskunft.

■ **Pilgerreisen**

Wallfahrten zur inneren Einkehr, etwa nach Rom, Fatima, Jerusalem, Lourdes (Wunder im Preis nicht inbegriffen!).

■ **Monster-Tour**

für Gruselgeschichten-Anhänger. Besuch von englischen Spukschlössern.

Getrübte Sicht

Bei Reisen in erst vor kurzem für den Tourismus erschlossene Gebiete muss man oft beide Augen zudrücken. Robert G. hat ein Hobby: Tauchen. Er wollte diesem auf den Malediven frönen, nachdem dieses Inselatoll (in der Nähe von Sri Lanka) als Paradies beschrieben wurde. Doch paradiesisch wurde die Reise nicht, denn die Überfahrt auf die Insel war nur mit Verspätung möglich, das Hotel liess zu wünschen übrig, und das Taucherlebnis wurde durch schlechte Sicht unter Wasser getrübt. Erst an Ort und Stelle erfuhr Robert G., dass der Zeitpunkt zum Tauchen wegen der starken Meeresströmung ungünstig war. Bei solch ausgefallenen Reisen lohnt es sich, an verschiedenen Orten — spezialisiertes Reisebüro, Reisebuchläden, Botschaft oder Verkehrszentrale des Reiselandes — genaue Erkundigungen einzuziehen und sich bewusst zu werden, dass neu erschlossene Gebiete immer die grössten Risiken bergen.

Ferien und Reisen mit Kindern

Ferien dienen vorwiegend der Erholung. Für Kinder bedeuten sie vor allem Spiel und Spass. Organisation und Stil der Ferien sollten also auch — oder besonders — den Bedürfnissen der Kinder gerecht werden.

Der Ferienort

Stationäre Ferienquartiere in den Bergen oder am Meer mit viel Aufenthalt und sportlicher Betätigung im Freien sind zu empfehlen. Auch Säuglinge und Kleinkinder profitieren von solchen Ferien.

Von eigentlichen Ferienreisen mit täglich wechselndem Aufenthaltsort ist abzuraten. Sie sind für Säuglinge und Kleinkinder zu anstrengend und verwirrend und werden nur schlecht ertragen.

Das Kind, besonders das Kleinkind, reagiert auf plötzliche Änderungen der Umwelt empfindlicher als der Erwachsene. Es ist infektionsanfälliger, da es noch wenig Abwehrstoffe besitzt.

Höhenaufenthalte bis 2000 m über Meer wirken durch das alpine Reizklima stimulierend und für gesunde Kinder gesundheitsfördernd. Dies gilt auch für viele chronischkranke oder behinderte Kinder (vorher Arzt konsultieren!), doch empfiehlt sich eine schonende *Akklimatisierung*. Sorgen Sie in den ersten Ferientagen für reichlich Schlaf, verhindern Sie grössere körperliche Anstrengungen, zu intensive Besonnung (Hochgebirge, Süden) und vermeiden Sie Erkältungen.

Fünf wichtige Punkte, die bei der Planung zu beachten sind

■ **Das Alter des Kindes spielt eine grosse Rolle**

2 – 5 Jahre: mit den Kleinsten reist man vorteilhaft in der Nachsaison, wenn die Schulferien vorbei sind und sich der grösste Ferienrummel gelegt hat. Es ist ruhiger und man erhält wieder billigere Zimmer und grössere Preis-Ermässigungen für die Kinder.

6—12 Jahre: in diesem Alter will sich der Nachwuchs austoben, will Lärm machen, überall hinaufsteigen, alles entdecken — er braucht Bade- und Spielmöglichkeiten, Lagerfeuer, Wiesen, Wälder, Tiere und vor allem auch die Gesellschaft anderer Kinder. Vornehme Hotels und Abendruh-Pensionen sind ganz ungeeignet. 13—17 Jahre: entlegene Bauernhöfe und lauschige Weiler irgendwo im Hinterland sind nicht zu empfehlen. Unsere Halbwüchsigen stellen höhere Ansprüche und möchten mehr Betrieb. Man will nicht nur schwimmen, sondern auch Neues wie etwa Wasserskifahren, Windsurfen, Reiten, Höhlenforschen, Minigolf und Tanzen ausprobieren. Hier empfiehlt sich eher ein einigermassen bekannter, betriebsamer Ferienort.

■ Blick in die Ferienkasse

Wir haben grundsätzlich zwei Möglichkeiten: ein Hotelaufenthalt ist bequem, aber teuer — eine Ferienwohnung ist zwar billiger, doch auch arbeitsintensiver; dafür sind Sie ganz unter sich mit Ihrer Familie und haben keinen Tenuezwang.

Wählen Sie eine Ferienwohnung, ist es wichtig, die anfallenden „Ämtli" gerecht unter den Eltern und den Kindern zu verteilen. Zur Abwechslung kocht zeitweise der Vater, die Kinder haben bestimmt am Abwaschen Spass, und die Mutter spielt zwischendurch Hotelgast! (Sie darf nur für besondere Desserts in die Küche kommen . . .) Bei dieser Ferienart kann die Frau stark abschalten und ist mehr mit ihrem Mann zusammen, der hier endlich viel Zeit für sie und die Kinder hat.

Ferien mit Kindern verlangen auch eine unterschiedliche *Budgetkalkulation*. Man muss prinzipiell mit mehr Ausgaben rechnen für die vielen „kleinen Freuden" wie Getränke, Glacé, Kaugummi, Heftli, Kleinspielzeug, Eintritte fürs Kino, Strandbad, Minigolf usw., Ferienandenken und Ausflüge.

■ Interessen von Kindern und Eltern abwägen

Wählen Sie kein *einseitiges Ferienziel* — nicht fünfmal nach Hinterheuen fahren, weil dort eine extralange Rutschbahn für die Kinder steht; jedoch auch keine vierwöchige strapaziöse Ägyptenfahrt im Käfer, weil Sie nun unbedingt die Nilkatarakte sehen müssen.

Versuchen Sie beiden „Parteien" gerecht zu werden.

■ Unbekannten Ort wählen!

Regel für preiswerte Familienferien: wählen Sie eine weniger bekannte Landschaft oder einen Ort ohne klingenden Namen. Gewisse touristische Einrichtungen werden dort fehlen — zugunsten Ihres Ferienbudgets. Es gibt immer noch herrliche Gegenden, die nicht ständig erwähnt werden. Dort ist alles noch ursprünglicher, die Menschen noch zugänglicher als an bekannten Touristenplätzen.

■ Nicht improvisieren!

Nie mit Kindern aufs Geratewohl losfahren, in der naiven Hoffnung, „schon noch etwas zu finden"! Einzelreisenden mag das Aufspüren von Hotelzimmern und Restaurants Spass bereiten, Kindern aber bestimmt nicht. Besonders in der Hochsaison wäre ein böses Erwachen zu erwarten: Nirgends schöne Zimmer mit Meersicht abseits der Strassen; überall nur bedauerndes Achselzucken der Hotel- und Pensionsinhaber.

■ Der „Klub Kinderfreundlicher Schweizer Hotels" verpflichtet seine Mitglieder, gewisse Minimalleistungen zu erbringen (Kinderspielzimmer, Hütedienst, Spielwiese usw.) Adresse S. 192.

Kinder im Auto

■ Im Auto wird es Kleinkindern häufig schlecht, besonders auf den hinteren Sitzen. Beugen Sie vor durch häufige Fahrtunterbrechungen, kurze Spaziergänge und kleine, leichte Imbisse.

■ Kinder unter 12 Jahren gehören auf die Rücksitze.

■ Säuglinge reisen in einem Babykorb, der am Rücksitz gesichert ist.

■ Ältere Kinder sollten Sicherheitsgurten tragen.

■ Kinder nicht alleine im Auto lassen.

■ Kinder haben auf dem Schoss eines Mitfahrenden nichts verloren.

■ Kinder dürfen nie hinter oder zwischen den Vordersitzen stehen.

■ Kinder sollten im Auto ruhig sitzen. Überbrücken Sie die Fahrzeit mit Ablenkungen wie Singen, Geschichtenerzählen, Rate- und Brettspielen (mit steckbaren Figuren) usw.

29

Feriengepäck

Bei Ferien mit Kindern müssen Sie gegen manches gewappnet sein. Daher gehören Kleidung für jede Wetterlage, Spielsachen, Gummistiefel, Heftpflaster, Hustensaft, Teddybär, Schokolade, Lieblingsgetränk, Insektenmittel, Hautcreme und Nähzeug als Standardausrüstung ins Reisegepäck.

Bei Auslandferien: Eintrag der Kinder in den Pass der Mutter (ab 6 Jahren mit Foto).

Ein Wort über das Essen

Auch in den Ferien braucht das Kind eine gesunde, ausgewogene Kost. Seien Sie kritisch gegenüber exotischen Spezialitäten; das Kind wird sie häufig auch gar nicht mögen. Besondere Vorsicht ist bei öligen und anderen schwer verdaulichen Speisen geboten. Tabu sind ungekochte Gerichte und Eiscreme von zweifelhafter Herkunft.

Seniorenferien/Ferien für Behinderte

Sagen Sie bloss nicht, dass Sie „zum alten Eisen" gehören! Wohl reist man im vorgerückten Alter langsamer, hat gegenüber früher einen bedächtigeren Rhythmus und eine andere Einstellung zu Ferienreisen, doch nimmt die Reiselust älterer Semester deswegen nicht ab, im Gegenteil!

Verschiedene Reiseunternehmen und Institutionen bieten Ferienarrangements an, und die heutigen Verkehrsmittel ermöglichen auch Älteren und gesundheitlich Beeinträchtigten ein unbeschwertes und risikoarmes Reisen. Dennoch tut man gut daran, allen Eventualitäten vorzubeugen und beim Arzt Ferientauglichkeit und Belastbarkeit des Organismus abzuklären.

Bahn- und Flugreisen

Diese Reisen sind meist kein Problem. Der Kabineninnendruck bei Flugzeugen entspricht einer Höhe von ungefähr 2000 m über Meer. Der verminderte Luftdruck und somit das geringere Sauerstoffangebot können bei geschwächten Personen und bei Patienten mit Herz- und Kreislaufleiden oder Erkrankungen der Atemorgane zu Beschwerden führen. Frühzeitig den Arzt konsultieren!

Reisen bringt Umstellungen mit sich

Nicht alle ertragen die Umstellung unseres Tag/Nacht-Rhythmus, den langen Reiseweg und häufigen Ortswechsel. Dies gilt besonders für betagte und gesundheitlich behinderte Personen. Die Widerstandskraft gegen Krankheitserreger ist meist vermindert und die Empfindlichkeit der Verdauungsorgane erhöht. Hier ist leichte und vertraute Kost zu empfehlen; blähende und stark fetthaltige Speisen sind zu vermeiden.

Der Ferienort

Bei der Wahl des Ferienortes ist auch der Gesundheitszustand massgebend. Der ältere Mensch reagiert auf gewisse Umgebungen anders als junge Leute und meidet daher stark frequentierte Ferienorte mit viel Rummel und ungewohntem Klima. Eine natürliche Umgebung in gesunder Luft und Ruhe ist ihm eher zuträglich. Auch Reizklimata wie Meer und Gebirge (bis etwa 1800 m) sind gegebenenfalls zu empfehlen, sofern vorher der Hausarzt konsultiert wird.

Risikofaktor Klima

Auf klimatische Einflüsse, etwa grosse Hitze, hohe Luftfeuchtigkeit und starke Sonnenbestrahlung reagieren ältere Leute empfindlich. Zweckmässige Kleidung ist zu empfehlen.

Aktivferien

Sportarten, die Ausdauer erfordern, können sich auch ältere Semester ohne weiteres zumuten, hingegen ist auf kraft- und reaktionsintensive Betätigungen zu verzichten. Der Ferienort sollte Gelegenheit zum Wandern, Schwimmen, Radfahren usw. bieten.

Auskünfte

Senioren-Reisen
Informationen über Senioren-Reisen erhalten Sie durch die regionalen Pro Senectute-Stellen. Weitere Hinweise s. Anhang S. 192.

Ferien für Behinderte
Auskünfte über Reisen von und mit Behinderten erteilen Ihnen der Schweizerische Invalidenverband und die Schweizerische Arbeitsgemeinschaft für Körperbehinderte. Adressen im Anhang S. 192.

32

Ferien mit oder ohne Haustier?

Alle Jahre wieder taucht diese unvermeidliche Frage bei Haustierhaltern auf. Wohin mit den Tieren? Leider gibt es immer noch Leute, bei denen die Tierliebe am ersten Ferientag aufhört: Hunde und Katzen werden kurzerhand auf der Autobahn ausgesetzt; Vögeln, Hamstern und Schildkröten „schenkt" man die Freiheit, die für sie recht häufig den Tod bedeutet, weitere Tiere werden auf andere Weise Opfer der Ferienzeit. Ein trauriges Thema, das aber nicht tabu sein darf.

Tiere sind keine Wegwerfware, und wer meint, er könne sich seines Ex-Lieblings entledigen, riskiert nach Artikel 22 und 27 des Tierschutzgesetzes eine Gefängnisstrafe oder eine Busse bis zu 20 000 Franken.

Bello bleibt zu Hause

Wenn Sie diesen Entschluss gefasst haben, ist für eine geeignete Unterkunft zu sorgen. Ideal sind Nachbarn, Verwandte oder Freunde, denen man Haustiere anvertrauen kann. Hunde sind Gewohnheitsviecher, denen es in der vertrauten Umgebung wesentlich wohler ist als während einer fünfwöchigen Autorundreise oder im Bungalow unter der sengenden Sonne Siziliens.

Sind solche Kontaktpersonen nicht vorhanden, kommen Tierheime und -pensionen in Frage, eine frühzeitige Anmeldung wird empfohlen. Mitzubringen sind Impfausweise, d. h. bei Hunden für Staupe und Tollwut, bei Katzen für Katzenseuche und Katzenschnupfen.

Bello in der Bahn

Er fährt in der zweiten Klasse zum halben Preis, auf Ihrem Schoss oder am Boden, mit oder ohne Korb (Anrecht auf einen eigenen Sitzplatz hat er nicht). Im Schlafwagen kann er bei Ihnen bleiben, sofern Sie das gesamte Abteil für sich gebucht haben. Ist Bello sehr gross, fährt er im Gepäckwagen mit.

33

Bello im Flugzeug

Haben Sie einen Flug mit Charter gebucht, die meist keine Hunde mitnehmen, kann Bello als Frachtgut auf einer Linienmaschine transportiert werden.

Ob Bahn oder Flugzeug: Haustiere finden weit weniger Gefallen an derartigen Orts- und Klimawechseln als wir und werden sich denn auch kaum „erholen". Eine dreiwöchige Trennung mit Verbleib in der gewohnten Umgebung erträgt das Tier leichter als ein strapaziöses Reiseprogramm im fremden Land und Klima.

Darum: Sie tun dem Tier einen Gefallen, wenn Sie für einen angenehmen Ferienplatz in sorgenden Händen schauen.

Im Anhang S. 193 finden Sie eine Tabelle über Impfvorschriften der wichtigsten Reiseländer.

Ferien zu Hause

Warum eigentlich nicht? Manchmal muss man aus irgendwelchen Gründen zu Hause bleiben. Dies muss kein Unglück, kann hingegen ein Glücksfall sein. Ferien in „Balkonien" kann man höchst abwechslungsreich gestalten, was allen etwas bringt und zudem nicht viel kosten muss.

Hier ein paar Vorschläge:

Kulinarisch:
- neue Rezepte ausprobieren
- die Kinder kochen lassen
- das Frühstück auf der Terrasse des nobelsten Hotels des Wohnortes geniessen (als Tourist in der eigenen Stadt)
- lange nicht mehr gesehene Freunde zum Essen einladen
- Restaurants besuchen, die Sie schon lange einmal . . .
- spezielle Diät endlich beginnen

Sportlich:
- Velo hervorholen, putzen, Tour unternehmen
- neue Wanderwege entdecken
- sich in Minigolf versuchen
- den Vita-Parcours oder die Finnenbahn mit einem — oder mehreren — Besuchen beehren
- fleissig Schwimmen gehen

Kulturelles:
- Museen besuchen (schön kühl!)
- in den Parks spazieren
- ungewohnte Quartiere durchstreifen
- Konzerte und Filme geniessen

Aber auch:
- Freunde besuchen
- ein Fest bauen
- endlich die alten Fotos einkleben
- sich all der Bücher annehmen, die auf die Lektüre warten

- alte Briefschulden tilgen
- endlich einen ganzen Tag lang überhaupt nichts tun (mehrmalige Wiederholung ist empfohlen)
- wieder einmal ans Klavier, hinter die Gitarre sitzen und ohne Zeitdruck zu spielen versuchen
- den Garten geniessen und pflegen
- mit Haustieren spielen
- sich intensiv der Familie widmen
- frühmorgens den Marktplatz besuchen
- einander Geschichten vorlesen
- wieder einmal die alte Spielschachtel hervorholen
- sich mit einer behinderten oder betagten Person abgeben.

Hoch in den Lüften

Das Flugzeug geniesst in der Rangliste der Transportmittel ein besonderes Prestige.

Bei keiner anderen Reiseart herrscht jedoch ein ähnliches „Tarif-Tohuwabohu" wie im Flugverkehr. Was heute gültig ist, kann morgen bereits überholt sein. Das nachfolgende Fliegerlatein bildet deshalb eine allgemeine Informations-Grundlage. Besonders wenn Sie preisgünstig fliegen möchten, müssen Sie sich bei Ihrem Reisebüro eingehend orientieren und auch Konkurrenz-Offerten vergleichen.

Flugpreise

Charterflüge

sind vom Reiseveranstalter fest gebuchte Flüge, die dank optimaler Sitzplatzauslastung billiger angeboten werden. Die Leistungen bei Charter- und Sonderflügen sind denjenigen der Linienfluggesellschaften meist ebenbürtig, sofern man bereit ist, auf etwas Flugkomfort (engere Sitzbestuhlung) zu verzichten.

Mit einem Charterflug-Ticket können Sie nur zum vereinbarten Termin und nur bei der gebuchten Gesellschaft fliegen. In der Hochsaison müssen Sie manchmal mit *Verspätungen* rechnen. Anschlüsse sind *nicht garantiert*. Tickets müssen bis 30 Tage vor Abflug gebucht werden (in Ausnahmefällen auch später). Ihre Gültigkeitsdauer beträgt höchstens drei Monate (mit fixen Flugdaten). Charterflüge werden von allen Reisebüros angeboten, in den allermeisten Fällen im Zusammenhang mit einem Ferienarrangement. Die Preise für Charterflüge variieren je nach Saison und Reiseziel stark. Sie liegen in der Regel ganz wesentlich unter den Normaltarifen (bis 60% und mehr).

■ ABC-Flüge

Advanced Booking Charter. Diese Flüge müssen spätestens 45 Tage vor Abreise gebucht und bezahlt sein.

37

APEX- und PEX-Tarife

Die in der IATA *(Internat. Luftverkehrsverband)* zusammenge-
schlossenen Fluggesellschaften stellen auf ihren Flügen eine Anzahl
von Plätzen zur Verfügung, die zu einem besonders günstigen Tarif
abgegeben werden. APEX *(Advanced Purchased Excursion Fare)*:
Ausflugstarif (Hin- und Rückflug) im voraus gebucht. APEX-Tarife
werden vor allem auf der Nordatlantik-Route und in Europa angeboten.

Bei einem APEX-Ticket muss der Hin- und Rückflug vorab
gebucht werden (bis allerspätestens 14 Tage vor Abflug). Gültigkeitsdauer: 3 Monate. Bei vorzeitigem Rücktritt entstehen sehr hohe
Annullierungskosten (Rücktritt bis 1 Monat vor Abreise: 50%,
später 100% des Flugpreises). Umbuchungen sind nicht möglich.

PEX *(Purchased Excursion Fare)* gilt für Flüge in Europa und
nach West- und Südafrika, nach der Türkei und nach Israel. PEX-
Tickets kann man bis kurz vor Abflug erstehen (freie Plätze voraus-
gesetzt). Die Annullationsbestimmungen sind nicht so streng (Rücktritt bis 24 Stunden vor Abflug: 50% Annullationskosten).

Die Preise von APEX- und PEX-Tickets variieren ausserordent-
lich stark. In der Regel bezahlen Sie den Normaltarif für die volle
einfache Flugstrecke.

Bei allen APEX- und PEX-Tarifen gibt es beinahe unzählige
Ausnahmen von der Regel. Lassen Sie sich in jedem Fall eingehend
durch Ihr Reisebüro oder direkt durch die Fluggesellschaft beraten,
wenn Sie keine unangenehmen Überraschungen erleben wollen!

Fliegen will gelernt sein . . .

Das hat auch Niklaus B. gedacht, als er im Flughafen von
Malaga (Spanien) erleben musste, wie „seine" Maschine ohne ihn
startete. Er hatte ein PEX-Ticket (Spezialtarif mit einschränkenden
Bestimmungen) gebucht und traf 40 Minuten vor Abflug im Flug-
hafengebäude ein. Man schickte ihn von einem Schalter zum anderen, fertigte immer andere Passagiere ab, die mit einer früher
startenden Maschine nach London wollten. Als Niklaus B. endlich
an die Reihe kam, erhielt er zur Antwort, er sei zu spät und die
Maschine nach Genf besetzt. Er musste ein neues Ticket für einen
anderen Flug nach Genf kaufen, und die Fluggesellschaft war trotz
einer Zeugenaussage, wonach Niklaus B. rechtzeitig eingetroffen sei,
aber infolge besetzter Schalter erst 30 Minuten vor Abflug bedient
wurde, nicht bereit, ihm eine Rückvergütung zu machen. Die Moral
von der Geschichte: Genügend Zeit einkalkulieren, denn Flughäfen
in Ferienregionen erleben oft einen Massenandrang.

Ermässigungen auf Normaltarife

■ Für Ehepartner:

Ein Ehegatte zahlt 100%, der begleitende Partner 50% des Normaltarifes.

Bedingungen: Es darf nur eine Destination angeflogen werden und die Reise darf nicht länger als 5 Tage dauern. Zudem müssen beide Ehepartner gemeinsam reisen.

■ Für Familien:

Familienermässigungen gibt es im Verkehr zwischen der Schweiz und den skandinavischen Ländern. Ein Ehegatte bezahlt 100% des Normaltarifes, der Partner und die Kinder (zwischen 12 und 25 Jahren) 50% des Normaltarifes.

Bedingungen: Der Flugschein ist höchstens einen Monat gültig und die Familie muss gemeinsam reisen.

■ Für Kleinkinder bis zu 2 Jahren:

10% des jeweils gültigen Tarifes. Kleinkinder haben *kein* Anrecht auf einen eigenen Sitzplatz!

■ Für Kinder:

Kinder vom 2. bis zum zurückgelegten 11. Altersjahr erhalten 50% Ermässigung auf den jeweiligen Tarif.

■ Für Jugendliche:

Jugendliche vom 12. bis zum zurückgelegten 21. Altersjahr geniessen in Europa 25% Ermässigung auf den Normaltarifen sowie auf gewissen Sondertarifen. Der Mindestpreis darf jedoch den Normaltarif für die volle einfache Flugstrecke nicht unterschreiten. Nach den USA, Kanada und Mexiko fliegen Jugendliche noch preiswerter. Auch für Flüge in den Mittleren Osten gelten günstige Sondertarife. Hier ist zu beachten, dass diese Flüge nur in Begleitung der Eltern zum voraus gebucht werden können. Andernfalls erfolgt die Bestätigung erst fünf Tage vor Abflug (Warteliste).

■ Für Studenten:

Studenten vom 22. bis zum vollendeten 25. Altersjahr erhalten 25% Ermässigung auf Normal- und gewisse Sondertarife. Der Antrag muss mit einem besonderen Formular für Studenten erfolgen.

■ Nachtflüge:

Auf den oft schwach besetzten Nachtflügen werden in der Regel Ermässigungen gewährt. Oftmals müssen Sie dafür lange auf Ihre Anschlüsse warten oder gar im Flughafen übernachten.

■ Wochenendflüge:

Sind meist preisgünstig, weil die Flugzeuge ohne Geschäftsverkehr schwächer ausgelastet sind. Erkundigen Sie sich in Ihrem Reisebüro.

■ Inlandflüge im Ferienland:
In zahlreichen Ländern werden besondere Rundflug-Tickets zu günstigen Preisen angeboten. Die Kilometerzahl ist dabei meist unbegrenzt, dagegen können andere Einschränkungen existieren. Auch wenn Sie nicht alles abfliegen wollen, kann sich in einem grossen Land der Bezug von Rundflug-Tickets lohnen, da Einzelbillets manchmal teurer zu stehen kommen.

Wenn Sie Ihre Tickets für Inlandflüge direkt in Ihrem Ferienland beziehen, können Sie oft beachtliche Einsparungen erzielen, wenn Sie in der Landeswährung bezahlen.

■ Midweek (PEX-Midweek-Tarife):
Hin- und Rückflug an bestimmten, schwächer ausgelasteten Wochentagen, z. B. Hinflug am Montag, Rückflug am Donnerstag.

■ Stand-by-Flüge:
Eine sehr preiswerte Flugmöglichkeit, die vorwiegend innerhalb der USA praktiziert wird. Man erkundigt sich im Flughafen bei den Gesellschaften kurz vor Abflug nach freien Plätzen. Sind noch Sitze frei, schlagen die Fluggesellschaften die Tickets zum Teil mit über 50% Ermässigung los. Eine feste Buchung ist ausgeschlossen. Ist dagegen eine Maschine bereits ausgebucht, heisst es auf den nächsten Flug zu warten.

Offiziell existieren in Europa keine Stand-by-Flüge — inoffiziell bieten sich aber auch hier immer wieder Möglichkeiten. Wenn Sie über wenig Geld, aber über viel Zeit verfügen, kann sich Ihre Hartnäckigkeit bezahlt machen.

Wie in einer Sardinenbüchse
Amerikaflüge sind seit Jahren einem besonders harten Preiskampf ausgesetzt. Das billigste ist oft auch wirklich billig. Judith M. buchte ihre Reise zu einem besonders günstigen Gruppentarif und war überrascht, als fast 500 Personen in den Jumbo gepfercht wurden, mit reduzierter Toilettenzahl und unverstellbaren Sitzen. Den Fünfer und das Weggli gibt es auch in der Reisebranche nicht.

Fluggepäck

Beachten Sie beim — frühzeitigen — Kofferpacken die *Gewichtslimite* (siehe Tabelle). Alles was Sie während des Fluges benötigen, wie Medikamente, Literatur usw., kommt ins Handgepäck. Ihr Koffer ist während des Fluges nicht erreichbar.

■ Ins *Handgepäck* gehören alle Dinge, die Sie bei sich haben müssen (Pass, Tickets, Wertsachen, Medikamente, Toilettenartikel, zerbrechliche Objekte usw. siehe S. 42). Das Handgepäck muss unter dem Sitz verstaut werden können.

■ *Jedes Gepäckstück kennzeichnen:* innen mit Namenkleber, aussen mit Anhängeetikette (mit Heim- *und* Ferienadresse).

■ Das aufzugebende Gepäck *mit Schlüssel* verschliessen.

■ *Rucksäcke und Seesäcke* müssen wie Koffer etikettiert sein, also auch hier stabile Anhängeadressen montieren und vorsorglicherweise die Heimadresse mit Kugelschreiber oder wasserfestem Filzstift auf der Seitenwand notieren.

■ *Auch Bello darf mit.* Wiegt Ihr Hund samt Transportkorb nicht mehr als 5 Kilo, dann darf er mit in die Kabine; ist er hingegen schwerer, so wird er in einem besonderen Behälter als Luftfracht befördert (siehe S. 34). Pro Flug werden gesamthaft in den Passagierkabinen nur zwei Hunde (Economy Class) bzw. nur ein Hund (First Class) akzeptiert.

■ Besonders in Lateinamerika werden Gepäckstücke gerne auf dem Flughafen geplündert. Darum alle Koffer abschliessen, Rucksäcke und Seesäcke mit Schliessbügel oder Kette sowie mit einem stabilen Schloss sichern. Wohl ist der Schutz nicht hundertprozentig, aber Gelegenheit macht bekanntlich Diebe.

■ Als *zusätzliches Handgepäck* können Mantel, Schirm oder Stock, Handtasche, kleine Kamera oder Feldstecher an Bord genommen werden; bei Bedarf auch ein Babytragkorb oder ein zusammenlegbarer Rollstuhl.

Fly-Gepäck

Wenn Sie mit einem Linien- oder einem Charterflug ab Zürich oder Genf fliegen, können Sie von über 100 Schweizer Bahn- und Postautostationen Ihr Reisegepäck direkt zu Ihrem Flugziel im Ausland aufgeben. Das kostet Sie 9 Franken pro Gepäckstück, dafür haben Sie vom Wohnort bis zu Ihrem Ferienziel nichts mehr mit den Koffern zu tun und müssen nur noch die Passagierabfertigung am Express-Schalter im Flughafen passieren.

Wichtig:

■ Gepäck frühzeitig an der Abgangsstation aufgeben, damit es spätestens eine Stunde vor Abflug am Flughafen eintrifft.

■ Fly-Gepäck kann jeder Passagier mit einer bestätigten Buchung im Flugschein aufgeben.

■ Nach der Rückreise können Sie im Flughafen Zürich gleich nach der Zollkontrolle am Bahnschalter Ihr Gepäck nach jeder Bahn- oder Postautobus-Station in der Schweiz oder nach Bahnstationen im Ausland aufgeben.

Wieviel darf Ihr Fluggepäck wiegen und messen?

	International	*von/nach USA und Kanada*
Freigepäck		
Erste Klasse	30 kg	max. 32 kg 2 Gepäckstücke mit max. Ausmass (Länge + Breite + Höhe) zusammen 316 cm pro Stück max. 158 cm
Economy Klasse	20 kg	max. 32 kg 2 Gepäckstücke mit max. Ausmass (Länge + Breite + Höhe) zusammen 273 cm pro Stück max. 158 cm
Handgepäck		
Einheitlich für alle Klassen	1 Stück, max. Masse 45 × 35 × 20 cm, dessen Gewicht in dem für die jeweilige Klasse gültigen Freigepäck enthalten ist.	zusätzlich zum Freigepäck 1 Stück mit max. Ausmass (Länge + Breite + Höhe) zusammen 115 cm

Tips für Geschäftsreisende

■ Flüge können mit Kreditkarten bezogen werden.
■ Zahlreiche Fluggesellschaften vermitteln auch Hotelzimmer, Konferenzräume, Sekretärinnen, Dolmetscher, Mietwagen usw.

Fliegen mit Kindern

■ Kinder unter 5 Jahren dürfen nicht alleine fliegen. Auf Wunsch wird eine Begleitperson gestellt (die selbstverständlich bezahlt werden muss).
■ Familienflüge mit Kindern sind so früh wie möglich zu buchen. Ihre Familie geniesst dann die Hilfe des Bodenpersonals.
■ Bei rechtzeitiger Anmeldung wird bei der Swissair ein Kleinkindertragekorb an Bord bereitgehalten.
■ Klappkinderwagen gelten als Handgepäck.
■ Kinder, die nur 10 Prozent des Flugpreises zahlen, haben kein Anrecht auf Handgepäck (Teddybär ausgenommen . . .).
■ Auf allen Westafrika-Flügen der Swissair fliegt eine diplomierte Kinderschwester in der regulären Kabinenbesatzung mit.

Der Flughafenbetrieb

Das Treiben in einem Flughafen ist hektisch und kann bei Flugungewohnten leicht zu Verwirrung und Unsicherheit führen. Hier einige Tips, damit Sie in diesem Ameisenhaufen besser zurechtkommen:
■ Erstes Gebot: *Ruhe bewahren und Anschriften lesen!*
■ Immer in Erinnerung behalten, ob man einen Charter- oder einen Linienflug gebucht hat.
■ Finden Sie einmal etwas nicht, so helfen Angestellte oder die Informationsstelle (i) in der Abflughalle weiter.
■ Beim *Einchecken* (Aufgeben des Gepäcks) können Sie sich einen Sitz im Raucher- bzw. Nichtraucherabteil geben lassen. Langbeinige bevorzugen die Sitze bei den Notausgängen und jene in der ersten Reihe (oft reserviert für Mütter mit Kleinkindern). Auf der *Einsteigekarte* (Boarding Pass) steht der *Ausgang* (Gate), die genaue Besammlungszeit sowie die Sitzreihe und Ihre (reservierte) Sitznummer im Flugzeug.

43

■ *Pass vergessen/verloren:* Wer die Identitätskarte oder den Pass zu Hause vergessen oder verloren hat, kann mit einem anderen Ausweis (Führerausweis, Mitgliedkarte [immer mit Foto]) bei der Flughafenpolizei eine *Interimskarte* beantragen und so trotzdem das Ferienziel erreichen. Separat mitgeführte Passkopie (siehe S. 81) vorweisen, besonders bei Visumeintragungen!).

■ *Zollfreiladen* (Duty Free Shop): Hier können Sie Raucherwaren, Parfums, Alkoholika usw. zollfrei einkaufen. Merke: *immer nur am Abflugort einkaufen.*

Personen- und Gepäckkontrollen

Personenkontrollen

Die elektromagnetischen Apparate, die in den meisten internationalen Flughäfen der Welt zum Feststellen von Metallteilen benutzt werden, sind harmlos. Sie arbeiten *nicht mit Röntgenstrahlen,* wie oft irrtümlich vermutet wird.

■ Diese Geräte können aber einen *Herzschrittmacher* stören; Träger eines solchen Herzstimulators sollten sich darum beim Kontrollpersonal melden und *nicht* durch den Magnetrahmen gehen.

Gepäckkontrollen

Einzig Apparate für die Gepäckkontrolle arbeiten mit Röntgenstrahlen, doch ist ihre Intensität sehr schwach, um Kontrollpersonen und Passagiere nicht zu gefährden. Diese Apparate belichten auch nicht vorzeitig das Filmmaterial im Gepäck, es sei denn, die Filme würden mehrmals den Röntgenstrahlen ausgesetzt. Gehen Sie darum auf sicher und zeigen Sie bei der Handgepäckkontrolle die in einem Plastikbeutel verwahrten Filme getrennt vor. Bei Reisen durch Ostblockländer empfiehlt es sich, Filmmaterial wegen der höheren Strahlenbelastung überhaupt nicht durch die Röntgenkontrolle zu geben.

Die Flugangst

Die Flugangst ist die jüngste der grossen Reiseängste. Jeder Fünfte leidet darunter, sogar Oft-Flieger. Laut Flugstatistik müsste aber ein Mensch 25 Jahre lang täglich 8 Stunden fliegen, um einen Flugunfall zu erleben.

Bei Start, Flug und Landung entstehen Geräusche und Bewegungen, die dem unwissenden Passagier verdächtig vorkommen, in Wirklichkeit aber harmlos sind.

Das erlebt der Fluggast:	*Das ist die Ursache:*
Maschine rollt auf die Piste und bleibt stehen:	Pilot muss auf Startfreigabe warten.
Es rumpelt unter uns:	Fahrwerk wird eingezogen.
Verdächtige Triebwerkgeräusche:	Pilot drosselt die Motoren, er muss langsamer fliegen.
Unerklärliches Kurven:	Pilot folgt der vorgeschriebenen Flugroute, um in den Hauptflugweg «einzufädeln».
Vorwärtsruck mit Rauschen:	Reiseflughöhe ist erreicht, Pilot nimmt Gas zurück.
Die Flügel wackeln:	Tragflächen müssen flexibel sein, sonst würden sie dem Druck nicht standhalten.
Kreisen vor der Landung:	Pilot hat noch keine Landeerlaubnis und zieht Parkschleifen.
Wechselnde Geräusche, Fluggeräusch erstirbt, unerklärliches Kurven:	Pilot beginnt den Landeanflug, drosselt Triebwerke, drückt die Maschine rasch nach unten, um Treibstoff zu sparen, fängt sie ab, zieht in die Anflugschneise.
Wiederholtes Singen, Triebwerkgeräusche, Flugzeug wedelt:	Elektromotoren fahren Bremsklappen aus, Pilot gibt ab und zu kleinen Gasstoss, beim Minimaltempo wedelt das Flugzeug.

45

Sicherheitsbestimmungen

■ Nur gerade 5 Prozent der Fluggäste lesen die *Sicherheitsbestimmungen* durch, den in jeder Rückenlehnentasche steckenden Ratgeber, der die Passagiere über das Verhalten bei Start und Landung sowie in Notsituationen orientiert. „Jaja, kenn ich schon, wenn es einmal soweit ist!" – ein Argument, das völlig unberechtigt ist. Schauen wir doch *bei jedem Flug* diese Instruktionen durch; man fliegt mit mehr Selbstsicherheit, wenn man weiss, was im Falle eines – unwahrscheinlichen – Falles zu tun ist.

■ Die Verwendung der *Sauerstoffmasken* wird bei jedem Flug durch das Kabinenpersonal demonstriert. Schauen Sie nicht gelangweilt weg, sondern verfolgen Sie die Handgriffe der Hostess und denken Sie sich dabei Ihr eigenes Verhalten im Ernstfall aus. Auch hier: Wissen beruhigt.

■ *Beim Start, bei der Landung und in den Toiletten darf nie geraucht werden.* Halten Sie sich strikte an diese Anweisungen – ein Kabinenbrand kann verheerende Folgen haben!

Nach der Landung

■ Schauen Sie sich beim Förderband der Gepäckausgabe nach einem Gepäckwagen um – das Kofferschleppen durch die teilweise endlosen Korridore kann zum Alptraum werden.

■ *Koffer vermisst:* Wenn Ihr Koffer auch nach längerem Warten am Gepäckband nicht zum Vorschein kommt, dann wenden Sie sich an die Gepäckvermittlung (Lost and Found) Ihrer Fluggesellschaft. Anhand einer möglichst genauen Beschreibung Ihres fehlenden Koffers wird er gesucht. Wichtig ist, dass Sie Ihr Flugticket mit dem angehefteten Gepäck-Kontrollabschnitt bis ans Ende der Reise aufbewahren!

■ Wenn Sie übernachten müssen, ohne dass Ihr Gepäck gefunden worden ist, wird Ihnen die Fluggesellschaft ein sogenanntes „Not-Set" abgeben, das die wichtigsten Utensilien für eine Übernachtung enthält.

■ Deklarieren Sie bei der Zollkontrolle nach den gültigen Vorschriften. Verschweigen Sie zollpflichtige Waren, kann das bei einer allfälligen Stichprobe für Sie je nach Land üble Folgen haben – von der saftigen Geldbusse bis zu Haftstrafen.

■ Vielleicht werden Sie am Flughafen von jemandem abgeholt. Verständlich, wenn die Wiedersehensfreude gross ist, lassen Sie aber trotzdem Ihr Gepäck nicht aus den Augen — im Ankunftsrummel hat schon mancher unachtsam hingestellte oder unbeaufsichtigte Koffer den Besitzer gewechselt.

Kleines Wörterbuch für Flugreisende

Die Umgangssprache im Flugwesen ist Englisch. Damit Sie sich im Reiseprospekt, im Flughafen und auch während des Fluges besser orientieren können, hier eine kleine Lektion der wichtigsten Ausdrücke:

Airline	Fluggesellschaft
Aircraft, plane	Flugzeug
Airport	Flughafen
Airport Tax	Flughafengebühr
Approach	Anflug
Arrival	Ankunft
Baggage Claim	Gepäckausgabe
Baggage Tag	Gepäcketikette
Boarding Card/Pass	Einsteigekarte
Call	Aufruf
Chapel	Flughafen-Kapelle
Change	Wechselstube
Check	Prüfung
Check-in	Abfertigung der Passagiere
Check-in time	Meldezeit vor Abflug
Cockpit	Pilotenkanzel
Connection	Anschluss an weitere Flüge
Counter	Flugschalter
Crew	Besatzung
Customs	Zoll
Delay	Verspätung
Departure	Abflug
Destination	Ziel, Bestimmungsort
Disembarkation	ausreisen, aussteigen
Domestic flight	Inlandflug
Duty Free Shop	Zollfreiladen

Economy Class (Y)	2. Klasse
Embarkation	einreisen, einsteigen
Emergency Exit	Notausgang
Excess Bagage	Übergepäckgewicht
Exit	Ausgang
Fare	Preis, Tarif
Fasten Seat Belt	Bitte anschnallen
Flight Number	Flugnummer
Gate	Flugsteig, Warteraum
Galley	Flugzeugküche
Immigration	Zollkontrolle für Einwanderer
	(keine Touristen)
Label	Aufkleber
Legrest	Fuss-Schemel im Flugzeug
Local Time	Ortszeit
Message	Mitteilung, Nachricht
Nursery	Kindergarten, Wickel- und Still-
	raum
Passenger	Passagier
Pick up	abholen
Purser	Chef des Kabinenpersonals
Reconfirmation	Rückbestätigung des Fluges
Resident	Zollkontrolle für Einheimische
Reservation	Reservierung
Runway	Flugpiste
Schedule	Flugplan
Seat Number	Sitzplatznummer
Stand-by	Wartelisten-Passagier
	(vorgemerkt, nicht gebucht)
Take-off	Start
Terminal	Abfertigungsgebäude
Ticket	Flugbillett
Time-table	Flugplan

48

Time of Departure	Abflugzeit
Tourists	Zollkontrolle für Ferienreisende
Tower	Kontrollturm
Transfer/Transit	Umsteigen
*V*oucher	Gutschein
*W*aiting List	Warteliste
Waiting Room	Wartesaal
Wheelchair	Rollstuhl

Schienentips

Die Bahn ist populär, doch ihre Angebote und Leistungen sind oft ungenügend bekannt. Bringen wir deshalb unser Wissen von der Bahn auf den neuesten Stand, damit Ferien-, aber auch Geschäftsreisen noch angenehmer und preisgünstiger ausfallen.

Das amtliche Kursbuch

Haben Sie das halbjährlich erscheinende amtliche Fahrplanverzeichnis im Schrank stehen? Haben Sie ausser den Fahrzeiten von Bahn-, Schiffs- und Postautokursen auch schon die interessanten Seiten *vor* den vielen Zahlentabellen durchgesehen? Nicht? Dann tun Sie es doch einmal; Sie werden nämlich entdecken, dass dieses Kursbuch ein richtiges Reisebüro im Taschenformat darstellt. Sie finden da:

■ einen Kursbuchschlüssel, der Ihnen den Umgang mit den vielen Seiten erleichtert;

■ ein Verzeichnis der Bildsymbole in den Bahnhöfen und eine Zeitvergleichstabelle für alle europäischen Länder;

■ einen übersichtlichen Kalender für das laufende Halbjahr;

■ wichtige Hinweise über Geldwechsel, Pass- und Zollvorschriften in Grenzbahnhöfen;

■ Tarifangaben über den Personen- und Gepäckverkehr (Sie können Ihre Billette selbst ausrechnen);

■ ein Ortsverzeichnis der Schweiz mit Höhenangaben (wichtig für herz- und kreislaufgefährdete Ferienort-Suchende) sowie entsprechende Zahlen zum rascheren Auffinden der gesuchten Fahrplanseiten;

■ alle Zugverbindungen mit dem Ausland;

■ Angaben über Motorfahrzeugtransporte durch unsere Alpentunnel;

■ Fahrzeiten und Preise der Seilbahnen und Sessellifte.

Tip: Vor der Reiseplanung kontrollieren Sie, ob Ihr Kursbuch noch gültig ist — das erspart Ihnen Ärger am Bahnhof!

Besondere Hinweise

■ Bahnbillette kosten im Reisebüro nicht mehr als am Schalter im Bahnhof!

■ Hier wie dort können Sie mit Euro- und Reisechecks zahlen.

■ Checks, Reisechecks und Fremdwährungen werden zu offiziellen Tageskursen an den Bahn-Geldwechselschaltern umgetauscht (in grösseren Ortschaften und in Bahnhöfen in Grenznähe).

■ Kinderwagen und Fahrräder werden zu besonders günstigen Tarifen befördert.

■ Skis, Musikinstrumente usw. können ohne Zuschlag direkt im Gepäckwagen abgegeben werden, müssen aber beim Umsteigen selber umgeladen und am Zielort aus dem Gepäckwagen geholt werden. Versehen Sie Ihr Gepäck mit einer Etikette.

■ Wenn Sie mit dem Nachtzug im Schlaf- oder Liegewagen reisen, sparen Sie wertvolle Ferienzeit.

■ In den Bahnhöfen und auf Bahnsteigen Fahrplanblätter konsultieren (gelb: abgehende; weiss: ankommende Züge); ebenso bei Bedarf den Wagenstandsanzeiger (Liste der Wagenreihenfolge, besonders bei internationalen Zügen, mit Liege-, Schlaf- und Speisewagen).

■ Im internationalen Verkehr ist es möglich, seinen Platz (Sitz-, Liege- oder Schlafwagenplatz) zu reservieren.

■ Fahren Sie wenn immer möglich in direkten Wagen an Ihren Ferienort — unnötiges Umsteigen dämpft die Ferienstimmung und verbraucht Energie. Für reservierte Sitzplätze ist die Wagennummer aus dem Wagenstandsanzeiger abzulesen.

■ Gepäckaufgabe nach dem Ausland muss mit grüner Zollerklärung für Reisegepäck erfolgen (Auskunft am Aufgabeschalter). Weisen Sie bei der Grenzkontrolle dem Zöllner des Einreiselandes immer Ihren Gepäck-Empfangsschein vor, damit die allfällige erforderliche Kontrolle sofort in Ihrer Gegenwart vorgenommen werden kann.

■ In vielen Bahnhöfen stehen Automaten, bei denen man ohne langes Anstehen Billette beziehen kann.

■ Im Zug gelöste Billette kosten einen Zuschlag (Ausnahme: Wenn Sie an einem Bahnhof ohne Billettausgabe zusteigen).

■ Hunde haben trotz bezahltem Billett auf dem Boden zu bleiben.

■ Orientieren Sie sich früh über Abfahrts- und Ankunftszeiten, Gleisnummer, Wagenstand (z. B. Schlafwagen Nr. X = ganz vorne).

■ Reservieren Sie sich für Fahrten ins Ausland rechtzeitig Ihren Sitz (Gang-, Mittel- oder Fensterplatz, im Raucher/Nichtraucherabteil), Reservationskosten Fr. 4.—. In der Schweiz sind Intercity-Züge zuschlagsfrei.

■ Geben Sie das schwere Gepäck bereits am Vorabend als Passagiergut auf und nehmen Sie es erst am Zielort wieder in Empfang — Achtung: Ankunfts- und Postbüro-Öffnungszeiten beachten!

■ Stehen Sie zum Einsteigen nicht in der Perronmitte — vorne und hinten im Zug sind vielfach mehr Plätze frei.

Sonntags nie!

Wer nur ein Flugticket bucht, kann nicht das Reisebüro für einen verpassten Zugsanschluss haftbar machen. Otmar B. buchte in einem kleinen Reisebüro ein Ticket der Air Lanka nach Gatwick, dem Charterflughafen von London. Gleichzeitig erkundigte er sich nach den Abfahrtszeiten der Züge, die ihn zum Aufenthaltsort seiner Freundin und danach zurück zum Flughafen bringen sollten. Eine schriftliche Bestätigung verlangte er nicht. Nach vier schönen Tagen in England standen Otmar B. und seine Freundin am Sonntag vor einem verlassenen Bahngeleise, weil die genannte Zugsverbindung am Sonntag ausfiel. Mit viel Mühe und dank der Hilfe der englischen Landlady, bei der Otmars Freundin wohnte, gelang es, bei der British Airways einen Platz in einer Maschine zu buchen, die ihn 6 Stunden später ab Heathrow, dem Londoner Hauptflughafen, in die Schweiz zurückbrachte. Dieses Ticket musste Otmar B. bezahlen, währenddem ihm die Air Lanka den unbenutzten Teil ihres Tickets nachträglich zurückvergütete. Die Differenz aber musste er aus der eigenen Tasche berappen, denn er hatte sich die Zugsverbindungen nur mündlich geben lassen. Wie leicht hätte er sich die aufregenden Stunden ersparen können, wenn er nach der Ankunft in England sich selbst im Bahnhof nach den Abfahrtszeiten der Züge erkundigt hätte. Etwas mehr Selbstverantwortung könnte nicht schaden.

Preisgünstige Bahn

Wer oft Bahn fährt, reist mit einem Abonnement viel preiswerter. Neben General-, Halbpreis-, Strecken- und Altersabonnements für „zivile" Fahrten, können Sie für Ihre Ferien vergünstigte *Familien- und Rundreisebillette* erstehen. Auch Ausflugsbillette sind 20%

günstiger, zusätzlich wird darauf auch die Familienvergünstigung gewährt. Zudem können Sie eine Fahrt beliebig oft unterbrechen, müssen jedoch den Kondukteur darüber informieren. Besonders beliebt sind Unterbrechungen auf Postautokursen (Aussichtspunkte, voraus eingeplante Wanderstrecken). Doch aufgepasst: Lassen Sie in der Hochsaison Ihren Platz reservieren.

Die SBB und alle übrigen Verkehrsunternehmen in der Schweiz gelten als die *kinderfreundlichsten* in ganz Europa: bis zum zurückgelegten 6. Altersjahr reist der Nachwuchs kostenlos und bis 16 Jahre zum halben Preis. Für Österreich lauten die Grenzen 6 und 15 Jahre, für Grossbritannien und Irland 4 und 14, für Norwegen 4 und 15 und für alle anderen europäischen Länder 4 und 12 Jahre. In einigen Ländern gelten jedoch im internen Verkehr andere Altersgrenzen.

Tiertransporte: Meerschweinchen, Vögel, Katzen usw. fahren kostenlos mit, wenn sie in einem Behälter untergebracht sind. Hunde — ob Zwergpinscher oder Bernhardiner — kosten generell 50% des Fahrpreises 2. Klasse.

Vergünstigte Bahnreisen im Ausland

Unter diesem Titel haben die SBB einen Prospekt herausgegeben, der über die vielfältigen Möglichkeiten umfassend informiert und der kostenlos bei allen Bahnstationen erhältlich ist. Von Finnland bis Spanien finden Sie darin Bahnreiseangebote aus zahlreichen europäischen Staaten.

Im Prospekt „Senioren-Bahn" finden Junggebliebene ein reiches Angebot für ihre Reisen im In- und Ausland. Geschäftsreisende fragen nach der Broschüre „Business-Bahn", die viele gute Angebote und Tips für Geschäftsreisen in der Schweiz und im Ausland enthält.

Jugendliche und Studenten geniessen in besonderem Masse das Wohlwollen der Bahnverwaltungen in ganz Europa. Der umfangreiche, vorzüglich gestaltete Prospekt „Junioren-Bahn. Bahnprozente für Junge in der Schweiz und im Ausland" ist kostenlos am Bahnschalter erhältlich.

Platzreservationen bei Fahrten ins Ausland sind immer zu empfehlen, auch Liegeplätze (Couchettes) und Schlafwagenplätze sollten immer reserviert werden.

Alle Auskünfte

Informationen über Bahnreisen erhalten Sie in den Auskunfts-
und Reisebüros der SBB, wie sie in allen grösseren Städten zu finden
sind. Für Gruppen-, Firmen- und Vereinsreisen ist der Reisedienst
SBB zuständig (Adresse siehe S. 194). Bei kleineren Bahnhöfen steht
Ihnen das Schalterpersonal bei und hilft Ihnen bei der Routenwahl
und informiert Sie individuell über Verbindungen und Anschlüsse.
Mit Vorteil bestellen Sie Ihr Billett einige Tage im voraus,
spätestens jedoch am Abend vor Reiseantritt.

Als erstes schweizerisches Reisebüro hat der *Schweizerische Studentenreisedienst* (SSR), Leonhardstrasse 5, 8001 Zürich einen
„Bahnladen" eröffnet, der ausschliesslich Bahnreisen vermittelt.

Weitere Dienstleistungen der Bahn

Neben Kursbüchern und Regionalfahrplänen sind am Bahnschalter auch Wanderkarten erhältlich. Sie können aber auch Ihr
Gepäck aufgeben oder einstellen, Geld wechseln, eine Reiseversicherung abschliessen. An vielen Bahnhöfen sind zu sehr günstigen
Preisen Mietvelos erhältlich, die auch an anderen Bahnhöfen wieder
zurückgegeben werden können. Neuerdings bietet die Bahn in den
grossen Bahnhöfen auch einen Mietwagen-Service (auf Vorbestel-
lung).

54

Autoferien

Auch hier gilt: Je gründlicher die Vorbereitung, desto unbeschwerter die Ferien.

Planung

Um gut gerüstet abreisen zu können, ist folgendes zu planen:
- Reiseroute
- Zeiteinteilung
- Versicherungen
- Finanzen
- Autoausrüstung

Reiseroute

Teilen Sie nicht nur die Ferienfinanzen, sondern auch die Hin- und Rückfahrt ein: in vernünftige, von Ruhepausen unterbrochene Etappen.

Erkundigen Sie sich bei Ihrem Automobilclub nach den weniger stark frequentierten Grenzübergängen.

Wollen Sie nicht in einer Stadt hängenbleiben, wählen Sie eine *Umfahrungsroute*. Wohl bedeutet dies einige Kilometer mehr, die Nerven werden es Ihnen aber danken und Sie können oft Zeit gewinnen.

Wenn Sie *nachts* losfahren, legen Sie vorher einen Ruhetag ein. Sie sollten nur gut ausgeschlafen reisen.

Am letzten Arbeitstag gleich nach Feierabend ans Steuer zu sitzen und loszufahren, „um Ferienzeit zu gewinnen", ist für Sie und für andere Verkehrsteilnehmer lebensgefährlich. Die Ermüdung durch die Arbeit und die Hektik vor Ferienbeginn vergrössert das Unfallrisiko enorm. Hinzu kommen oft noch die psychisch negativen Faktoren wie Ärger, Sorgen, Gereiztheit usw., die sich ungünstig auf die Leistungsfähigkeit am Steuer auswirken.

Vermeiden Sie das Durchfahren von Verkehrsknotenpunkten in Spitzenzeiten (frühmorgens, mittags, am Feierabend). Nicht vergessen: Vor allem in den Nächten von Freitag auf Samstag und von Sonntag auf Montag herrscht starker Lastwagenverkehr.

Zeiteinteilung

Berücksichtigen Sie bei Ihrer Zeitplanung auch Verkehrsstaus und längere Wartezeiten an den Grenzübergängen. Besonders an den brisanten Wochenenden zu Beginn und am Ende der Schulferien muss mit wesentlich niedrigeren Durchschnittsgeschwindigkeiten als üblich gerechnet werden.

Am besten fährt man *vor* oder *nach* den Wochenenden los, an denen grosse Werkferien beginnen (in Frankreich bei den Autofabriken Peugeot und Renault, in Italien bei Fiat). Der Verkehr auf unseren Strassen wird wesentlich beeinflusst durch den Ferienbeginn in den grossen Bundesländern der Bundesrepublik. Erkundigen Sie sich bei den Automobilverbänden danach (Adressen siehe S. 194). Wer sich den Fahrstress sparen will, nimmt den *Autoreisezug*. Diese Huckepackzüge fahren Sie auf vielen Strecken in der Schweiz und nach zahlreichen europäischen Staaten. Genaue Auskünfte erhalten Sie am Bahnschalter.

Erfahrungsgemäss herrscht am Freitag und am Samstag der stärkste Verkehr; weniger hektisch sind Dienstag und Mittwoch.

Versicherungen

Sind Sie für eine Auslandfahrt genügend versichert? Hier die acht wichtigsten Versicherungen:

■ Kurzkasko (wichtig bei einem selbstverschuldeten Unfall und in Ländern, die keinen Haftpflicht-Versicherungszwang kennen)

■ Insassen-Unfall

■ Reise-Unfall

■ Reisegepäck

■ Zusatzversicherung für Camper

■ Seetransport (falls Sie Ihr Auto auf dem Seeweg transportieren)

■ Auslandschutzbrief

56

■ Krankenversicherung

Besorgen Sie sich rechtzeitig den *internationalen Versicherungsausweis* sowie einen von den Automobil-Clubs herausgegebenen *Schutzbrief,* der Ihnen besonders bei Pannen im Ausland verschiedene Vorteile bringt (Adressen siehe S. 194).

Finanzen

Reparaturen im Ausland werden oft mangelhaft ausgeführt — lassen Sie deshalb nur das wirklich Notwendigste reparieren. Jede Reparatur muss bei der Wiedereinreise in die Schweiz am Zoll gemeldet und, wenn Ersatzteile eingebaut wurden, auch verzollt werden.

Erkundigen Sie sich über die Benzinpreise in Ihrem Ferienland (Richtpreise siehe S. 208) und über Benzingutscheine (Italien).

Autoreisende haben keine Privilegien betreffend Einfuhr von Devisen, Tabakwaren und Spirituosen — also Vorschriften noch *vor* Abreise beachten.

Das Schweizer Nummernschild gilt im Ausland nicht als Freipass; das Gastland wird fehlbare Schweizer genauso zur Kasse bitten wie alle anderen Fahrer. Temposünder müssen beispielsweise in Italien mit Bussen bis zu 1800 Franken rechnen! „Wer fährt trinkt nicht — wer trinkt fährt nicht" — dieser Satz gilt nicht nur in der Schweiz. In vielen Ländern sind für alkoholisierte Fahrer drakonische Strafen ausgesetzt.

Tragen Sie eine genügend grosse Geldreserve mit sich (etwas Bargeld und Checks), Sie sind damit für Eventualitäten gewappnet.

Checkliste für Ihre Autoausrüstung

☐ Grenzpapiere für Auto und Caravan
☐ Internationaler Führerausweis
☐ Europäisches Unfallprotokoll (gratis erhältlich bei Ihrer Versicherung oder beim Beobachter Buchverlag)
☐ Grüne Versicherungskarte (erhältlich bei Ihrer Versicherung) ▶ ▶

□ Auslandschutzbrief (zu beziehen bei den Automobilver-
  bänden)
□ Notfallausweis (erhältlich beim Hausarzt)
□ Autokarten, Stadtpläne (auf dem neuesten Stand)
□ Benzingutscheine (Automobilverbände)
□ Reserve-Reifen
  -Öldosen
  -Lampenbirnen
  -Zündkerzen
  -Sicherungen
  -Keilriemen
  -Autoschlüssel
  -Kanister
□ Abschleppseil
□ Warndreieck
□ Warnblinklampe
□ Werkzeugsatz
□ Handfeuerlöscher
□ Wagenheber
□ Kreuzschlüssel
□ Betriebsanleitung des Wagens
□ Taschenlampe
□ alte Handschuhe, Mantel, Decke
□ Isolierband, Kabel, Schnur
□ Liste der Autovertretungen im Ferienland
□ Autoapotheke

Verschiedenes

■ Sind alle notwendigen Ausweise und Papiere noch gültig?
■ Ist die Autoapotheke vollständig? Pannendreieck, Abschleppseil vorhanden?
■ Ist das Autoradio intakt?
■ Sind die Orientierungshilfen über Ihr Ferienland genügend
und auf dem neuesten Stand? (Merkblätter, Strassenkarten, Stadtpläne, Fahrpläne von Autozügen, Adressen von Vertretungen usw.)
■ Informieren Sie sich ausführlich über das richtige Verhalten
bei einem **Unfall im Ferienland.** Auskünfte erteilen die Automobilverbände.

■ Machen Sie eine **Packprobe,** probieren Sie aus, wie das Gepäck am zweckmässigsten verstaut ist (häufig benutzte Gegenstände in Griffnähe halten).

■ **Das Auto nie überlasten!** Weder mit Personen noch mit Gepäck! Was *auf dem Dach* mittransportiert wird, darf höchstens 50 kg betragen (Gepäck *und* Gepäckträger), wenn nicht anders im Fahrzeugausweis vermerkt!

■ **„Ferienkontrolle" durch die Garage:** Vor jeder Ferienreise lohnt es sich, einen umfassenden Service durchführen zu lassen. Kontrollieren Sie auch Profil und Druck der Reifen. Vor Fahrten ins Ausland ist das CH-Schild anzubringen.

Ferienfahrten im Winter

Neben der üblichen Ausrüstung kommen ins Auto:

☐ Schneeketten (Montage „trocken" üben!)
☐ Sandsack und kleine Schneeschaufel, Handbesen
☐ Decke und Handschuhe für Kettenmontage
☐ Enteiser-Spray und Antibeschlagtuch für die Scheiben
☐ Enteiser-Spray für Türschlösser

Zu erledigen:
☐ Winterreifen montieren
☐ Wasserschläuche auf Risse kontrollieren
☐ auf Winteröl umstellen
☐ Frostschutzmittel einfüllen
☐ Motoransaugluft auf Vorwärmung einstellen
☐ Frostschutzmittel für Scheibenwischanlage
☐ Funktionskontrolle von Heizung und Defrosteranlage
☐ Gummidichtungen mit Talk oder Glyzerin einreiben
☐ Unterboden-Rostschutz nach Bedarf ausbessern
☐ Lackschäden an Karosserie und Chromteilen beheben
☐ Schlosszylinder mit Gleitmittel einsprühen
☐ Scheinwerferstellung kontrollieren, evtl. Zusatzscheinwerfer anbringen
☐ Bremsen, Batterie, Stossdämpfer, Zündanlage und Vergaser kontrollieren lassen
☐ Wasserpumpe inspizieren

Informationsdienste

■ Auskünfte über Strassenzustand, Baustellen, Verkehrslagen usw. erhalten Sie laufend über Telefon *Nr. 163.*

■ Individuelle Auskünfte, Routenempfehlungen usw. erteilen Ihnen:

ACS Bern, Tel. 031 21 15 15

TCS Genf, Tel. 022 35 80 00

VCS Burgdorf, Tel. 063 61 51 51 (keine Routenempfehlungen)

Tips für unterwegs

■ Kinder unter 12 Jahren müssen auch im Ausland *auf dem Rücksitz* bleiben. Überlegen Sie sich rechtzeitig, wie Sie Ihren Nachwuchs während der langen Fahrt beschäftigen.

■ Lösen Sie sich beim Fahren wenn immer möglich mit der Person auf dem Nebensitz ab und legen Sie regelmässig Pausen ein.

■ Nehmen Sie unterwegs keine grossen Mahlzeiten zu sich; leichtverdauliche *Imbisse* − zuhause vorbereitet −, auf vier bis fünf kleine Mahlzeiten im Tag verteilt, verhindern Völlegefühl und Schläfrigkeit am Steuer. Essen und trinken Sie als Lenker niemals während der Fahrt − Sie gefährden sich und andere Verkehrsteilnehmer.

■ Sowohl anregende als auch beruhigende *Medikamente* können sich beim Fahren verhängnisvoll auswirken. Konsultieren Sie Ihren Arzt, bevor Sie zu solchen Mitteln greifen!

■ Fahren Sie immer so, wie es die Strassenverhältnisse erlauben und wie es Ihr eigenes Können und Wissen zulassen. Im Mailänder Verkehr auch „wie die Richtigen" mithalten zu wollen, ist vermessen und bringt Gefahren für alle mit sich.

■ *Konsequent Gurten tragen* − knapp anliegend.

■ Auf Autobahnen *stets rechts fahren;* Fahrspur 2 und allenfalls 3 sind ausschliesslich Überholspuren. Zum vorderen Fahrzeug mindestens 2 Sekunden Abstand halten.

■ *Geschwindigkeitsvorschriften unbedingt einhalten;* das Tempo den gegebenen Verhältnissen nach unten anpassen, besonders bei Nacht, Nebel und Regen (siehe S. 208).

■ Über das *Autoradio* können Sie viele wichtige Mitteilungen über Strassenzustand, Umleitungen, Staus usw. erfahren. Schalten Sie darum Ihren Apparat ein und orientieren Sie sich (siehe Anhang S. 210).

■ *Standlicht* ist zum Stehen da — *Abblendlicht* zum Fahren! Auch in beleuchteten Tunnels muss das Abblendlicht eingeschaltet werden.

■ An Selbstbedienungs-Tankstellen *den Tank nie bis zum Rand füllen,* wenn nicht gleich eine grössere Strecke gefahren wird. Lässt man den Wagen nach dem Volltanken an der Sonne stehen (Restaurantbesuch, Spaziergang, Einkauf), wird das Benzin durch die wärmebedingte Ausdehnung bald aus dem Einfüllstutzen rinnen. Da braucht es nur noch eine achtlos weggeworfene Zigarette und der Autobrand ist da.

■ Wenn *hitzeempfindliche Gegenstände* im Auto bleiben müssen, stellen Sie sie in den vorderen Beinraum, wo es verhältnismässig kühl ist.

■ Stellen Sie wenn immer möglich den Wagen an einen schattigen Ort; stundenlanges Parken an der glühenden Sonne schadet den Reifen und überhitzt den Wageninnenraum unnötig.

■ Auf den Sitzen umherliegende Kameras, Feldstecher, teure Kleidungsstücke und ähnliches sind für Diebe geradezu eine Provokation. Auch *Fahrzeugpapiere* und *persönliche Ausweise* (Nummern separat notieren!) gehören nicht in den abgestellten Wagen. Bei jedem Halt ohne entsprechende Bewachungsmöglichkeit ist der Wagen entsprechend zu verschliessen (Autodiebstahl siehe S. 98).

■ Bei *Unfällen im Ausland* Bezeichnung und Standort der mitwirkenden Polizeiorgane notieren. Wenn keine amtliche Tatbestandaufnahme möglich ist, Zeugen genau aufschreiben, Unfallstelle und beteiligte Fahrzeuge (ausser auf Autobahnen) von allen Seiten fotografieren und Skizze mit den wichtigsten Massen erstellen. Wenn vorhanden, *Europäisches Unfallprotokoll* (siehe S. 57) anwenden. Und: auf jeden Fall höflich bleiben — Ruhe bewahren!

■ Führen Sie stets folgende Telefonnummern mit sich: Schweiz. Rettungsflugwacht (REGA):
Zürich 01 47 47 47
Alarm- und Informationszentrale des TCS:
Genf 022 36 44 44 (aus dem Ausland)
022 35 80 00 (in der Schweiz)
Alle drei Dienste sind rund um die Uhr erreichbar.

■ Wie in der Schweiz besteht in zahlreichen Ländern *ein generelles Parkverbot ausserorts.* Jedes Gastland erwartet die Respektierung seiner Gesetze. Es ist schäbig und trügerisch, sich im Zusammenhang mit allfälligen Parkbussen auf das Schweizer Nummernschild zu verlassen.

■ *Treten Sie Ihre Rückreise frühzeitig an;* rechnen Sie genügend Zeitreserve für Unvorhergesehenes ein. Sie gestattet Ihnen ein ruhiges Fahren und Sie kommen entsprechend erholter zu Hause an.

So fahren Sie sparsam

Die folgenden Ratschläge helfen mit, den Benzinverbrauch zu senken und damit Ihre Reisekasse zu schonen. Gerade auf längeren Ferienfahrten wirkt sich das Befolgen solcher Hinweise deutlich spürbar auf Fahrer, Wagen und Brieftasche aus.

■ Vor Abreise prüfen, ob der Reifendruck stimmt und ob die Räder frei drehen (keine schleifenden Bremsen).

■ Nach Anlassen des Motors gleich wegfahren, damit jeder Tropfen Benzin mithilft, das Auto fortzubewegen. Den Choke bald wieder zurückschieben. Das Rupfen des kalten Motors kann durch langsames Gasgeben vermieden werden.

■ Bei voraussichtlich längerem Halt (ab 10 Sekunden) Motor abstellen. Beim Wiederanlassen nicht zu viel Gas geben. Blitzstarts mit heulendem Motor unterlassen.

■ So früh wie möglich in den nächsthöheren Gang schalten; hohe Drehzahlen vermeiden.

■ Bei Geschwindigkeiten über 60 bis 70 km/h grundsätzlich im 4. oder 5. Gang fahren, wenn keine besondere Situation vorliegt (Steigung, Überholen). Zwischengas geben ist bei den heutigen Getriebekonstruktionen überflüssig.

■ Eine flüssige und gleichmässige Fahrweise erreicht man durch eine möglichst weiträumige Beobachtung des Verkehrs. So kann unnötiges Gasgeben und starkes Bremsen vermieden werden.

Mietwagen im Ausland

Möchten Sie auch im Ferienland mobil sein? Dann mieten Sie ein „Fahrzeug auf Zeit". Die grossen Autovermieterfirmen bieten einen umfassenden Service an: neueste Wagentypen, Fahrsystem ‚hier mieten — dort stehen lassen', Reparaturdienst und Ersatzwagen bei Pannen usw. Auch wird eine besondere Zusatzversicherung offeriert, welche bei einem Unfall die Reparaturkosten deckt. Die günstigste Variante: Bereits zu Hause bei einem der internationalen Autovermieter oder bei Ihrem Reisebüro reservieren. In der Geschäftsstelle kann man Ihnen umgehend sagen, welches Fahrzeug wann und zu welchem Tarif in Ihrem Ferienland gemietet werden kann.

Natürlich können Sie auch am Ferienort selbst bei einer Garage ein Auto mieten (ist etwas billiger), doch heisst es aufpassen: Wagenzustand und Mietbedingungen sind nicht unbedingt optimal, zudem muss bei Pannen mit langen Wartezeiten gerechnet werden und den Wagen hat man am Ende der Ferien in die Garage zurückzubringen. Dies ist also eher eine Variante für Leute mit zeitlichem Spielraum und Mechanikertalent.

Mietwagen können Sie mit Kreditkarten bezahlen. Es lohnt sich in jedem Fall, sich auch über das „Kleingedruckte" in den Verträgen zu informieren (z. B. über Versicherung − notfalls zusätzliche Versicherungen abschliessen, Freikilometer usw.). Oft wird auch für die Rückführung durch die Mietwagen-Gesellschaft an den Bezugsort ein bestimmter Betrag belastet.

Die Dollars blieben aus

Für längere Reisen durch Amerika mieten oder kaufen vor allem junge Leute einen Personenwagen. Kann dies bereits von der Schweiz aus geschehen, um so besser, sagte sich Adolf F. und liess sich durch ein schweizerisches Reisebüro ein Auto vermitteln. Die Idee war bestechend: Der amerikanische Vertragspartner verkauft gute Gebrauchtfahrzeuge zu einem Einheitspreis, der alle Formalitäten, Versicherungspolicen, Gebühren etc. einschliesst und sichert den Rückkauf zu. Der Rückkaufpreis findet sich bereits auf dem Vertrag. Nicht beachtet hat aber Adolf F. die Bestimmung, dass der Wiederverkaufspreis erst nach erfolgtem Weiterverkauf dem Kunden überwiesen wird, abzüglich 5% für Provision, Gebühren und Unkosten. Und − das Entscheidende −, das schweizerische Vermittlungsbüro haftet nicht für die Einhaltung der Vertragsbedingungen durch den amerikanischen Partner. Adolf F. zahlte für einen kleinen umgebauten Lieferwagen 3850 Dollar (7800 Franken) und sollte bei Rückgabe 1750 Dollar (3500 Franken) erhalten. Während dreier Monate fuhr er durch Amerika und brachte den Wagen an den vereinbarten Ort zurück. Doch Geld bekam er keines, denn der Geschäftsinhaber war abwesend. Adolf F. flog in die Schweiz zurück, wo er erstmals erfuhr, dass ihm der Rückkaufpreis von Amerika und nicht vom schweizerischen Reisebüro bezahlt werde. Adolf F. schrieb und wartete während Wochen, doch nichts geschah. Dem Beobachter teilte der amerikanische Autohändler mit, es sei nicht möglich, die vom schweizerischen Partner gemachten übertriebenen

63

Zusicherungen zu erfüllen und schickte Adolf F. dann doch noch einen Check über 740 Dollar (1500 Franken). 6000 Franken hatte Adolf F. somit bezahlt, um während dreier Monate durch Amerika zu kutschieren. Bevor man solche Verträge unterschreibt, erkundige man sich bei den Automobilclubs, die über die notwendigen Erfahrungen verfügen.

Auf dem Wasser: Kreuzfahrten und Bootsferien

Ein Hauch von Abenteuer und Korsarenromantik umgibt noch immer das Kapitel „Seefahrt", auch wenn die Zeit der stolzen Karavellen in weite Ferne gerückt ist. Doch auch die legendären Passagierschiffe wie der 80 000-Tonner „Normandie" oder die „Ile de France", Luxusdampfer Nr. 1, sind von der Meeresfläche verschwunden, verdrängt durch den silbernen Vogel. Doch nun entdeckten die Reedereien eine Marktlücke für alle, die behaglich reisen wollten: Sie schufen die *Kreuzfahrt*.

Diese Reiseart erfreut sich wachsender Beliebtheit, denn sie ermöglicht den Besuch von Städten und kulturellen Sehenswürdigkeiten in mehreren Ländern und bietet dem Gast doch den Komfort eines ständigen „Zuhause". Der stetige Hotel- und Zimmerwechsel entfällt und mit ihm das zeitraubende Kofferpacken.

Ist dies Ihre erste Reise auf einem grossen Schiff? Dann interessieren Sie die folgenden Tips, mit denen Sie bereits „auf dem Trokkenen" üben und sich für Ihre erste Kreuzfahrt vorbereiten können.

Unberechtigte Vorurteile

„Viel zu teuer!"

Wohl waren diese „Super-Reisen" auf hoher See anfänglich nur begüterten Reisenden vorbehalten (ein Teil davon ist es heute noch), doch werden Kreuzfahrten nun in allen Preislagen angeboten.

„Das Schiff kann sinken!"

Kreuzfahrtenschiffe sind meist modernster Bauart und müssen nach internationalen Vorschriften über eine ausreichende Rettungsausrüstung verfügen. Wer heute in diesem Geschäft mithalten will, kann zudem nicht mit untauglichen, antiquierten Kähnen operieren. Als Passagier werden Sie auf jeder Fahrt mit den nötigen Rettungsmassnahmen vertraut gemacht. Verglichen mit einer Autofahrt ist das Risiko ausgesprochen gering.

„Zu langweilig"

Irrtum! Es ist stets so viel los an Bord, dass Sie gar nicht überall mitmachen können. Hier gibt es nicht nur (übrigens erstklassiges) Essen, Trinken und auf dem „Ohr liegen". Sie können auch schwimmen, sonnenbaden, Musik hören, Filme sehen, zahlreichen Sport- und Spielarten frönen, Zeit für sich selbst haben, schreiben, lesen, tanzen, sich im Malen versuchen, das Schiff entdecken, Landausflüge unternehmen, filmen, fotografieren usw. . . .

So buchen Sie eine Kreuzfahrt

Wählen Sie eine Reederei, die sich auf Kreuzfahrten spezialisiert hat. Im Reisebüro wird man Ihnen entsprechende Gesellschaften nennen. Haben Sie sich für Schiff und Reiseroute entschieden, wählen Sie anhand des *Deckplans* Ihre Kabine. Dabei ist folgendes zu beachten:

■ Die teuerste Kabine ist nicht unbedingt die beste; es kommt hier auf Ihre individuellen Bedürfnisse an, so sind mittschiffs gelegene Kabinen bei starkem Seegang ruhiger, Kabinen im Schiffsrumpf ebenfalls, doch kann hier das Turbinengeräusch störend wirken. Kabinen neben Aufzügen, Arbeitsräumen und Klimaanlagen sind oft lärmig. Auf dem Promenadendeck sind die Kabinen hübsch und geräumig, aber das grosse Fenster werden Sie wohl kaum öffnen: Das Rauschen des Meeres wird vom Geplauder der ständig Promenierenden verschluckt.

Impfvorschriften

Je nach angelaufenem Hafen bestehen andere *Impfvorschriften*. Wer das Impfen unterlassen hat, muss bei den vorgesehenen Landausflügen und Städtebesuchen an Bord bleiben oder riskiert schlimmstenfalls einen unfreiwilligen Aufenthalt in der Quarantäne. Das Reisebüro informiert Sie über die gängigen Impf- und Visavorschriften.

Die richtige Garderobe

Was soll ich auf dem Schiff anziehen? Das Leben auf Deck ist ungezwungen – T-Shirt, Pulli, Jeans oder Badehose eignen sich prima. Zum Abendessen hingegen darf man sich ohne weiteres „hübsch machen". Nicht gerade mit Smoking und der perlenbestickten Abendrobe mit Nerz-Cape, doch dunkler Anzug und Cocktail-Kleid sind gerade richtig, denn die saloppe Kleidung vom Nachmittag passt abends nicht in den festlichen Rahmen.

Bei Landausflügen sollten – je nach Destination – starke Halb- oder Wanderschuhe und ein Regenschutz nicht fehlen. Für die kühlen Abende und den Aufenthalt in extrem klimatisierten Räumen haben Sie eine warme Wolljacke im Gepäck.

Währungsprobleme

Läuft Ihr Schiff zum Beispiel fünf verschiedene Länder an, von denen jedes seine eigene Währung hat, kaufen Sie nur jene Geldsorte vorab, die als Bordwährung Ihres Schiffes angegeben ist, wobei diese nicht immer dem Heimatland des Schiffes entspricht. Der Zahlmeister wird Ihnen jeweils vor einem Landausflug oder Stadtbesuch den gewünschten Betrag zum Tageskurs wechseln.

Kalkulieren Sie Ihr Kreuzfahrtenbudget nicht zu knapp. Je nach Arrangement sind Anreise zum Ausgangshafen, Landausflüge, Trinkgelder und Eintritte nicht im Reisepreis inbegriffen. Sicher müssen Sie jedoch Getränke, Coiffeurbesuch, Reiseandenken, Ansichtskarten und dergleichen extra berappen.

Anreise

Achten Sie auf die Anreise zum Ausgangshafen: Wenn Sie selbständig hinfahren, planen Sie genügend Zeit mit ein, damit Sie trotz einer allfälligen Verspätung rechtzeitig Ihr Schiff erreichen.

Das Einschiffen

Auf allen Schiffen haben Sie bis zu einem bestimmten Zeitpunkt an Bord zu sein. Halten Sie sich unbedingt an diese Zeiten; noch „ganz geschwind etwas einkaufen" kann unangenehme Folgen haben.

67

Landausflüge

Natürlich bleiben Sie nicht ständig an Bord; Sie können in jedem angelaufenen Hafen an Stadtrundfahrten, Besichtigungstouren und Landausflügen teilnehmen. Diese Exkursionen müssen Sie nicht im voraus buchen – Sie können sich auch noch auf dem Schiff entscheiden, ob Sie nun Lust auf eine geführte Tour haben oder lieber auf eigene Faust losziehen möchten, was seinen besonderen Reiz hat. In jedem Hafen finden Sie Reiseführer und Taxifahrer, die Sie auf Ihrer privaten Entdeckungstour begleiten. Vor dem Start jedoch genau den Preis aushandeln und die Rückkehr festlegen!

Seekrankheit

Ein sicheres Mittel gegen Seekrankheit gibt es offenbar nicht. Jeder Hochsee-Erprobte hat da sein eigenes Rezept: Der eine schwört auf ein Festbankett, der andere auf einen leeren Magen, der dritte empfiehlt einen doppelten Scotch usw.

Sollte es Ihnen in der Magengegend mulmig werden, versuchen Sie folgendes: Legen Sie sich möglichst in der Mitte des Schiffes auf ein Bett oder eine Bank, halten Sie die bewusste Tüte oder den Kübel in der Nähe, atmen Sie tief durch und probieren Sie, sich ganz zu entspannen. Wenn Ihre Lage nur halb so dramatisch ist, sitzen Sie mit anderen Passagieren zusammen und vertreiben sich die Zeit mit Gesprächen, Musik hören und gemeinsamen Spielen, die Ihre Aufmerksamkeit fesseln. In den meisten Fällen hilft schon die blosse Ablenkung vom „Thema". Verfolgen Sie auf keinen Fall die Bewegungen des Schiffes.

Wer von vornherein schon um seine Anfälligkeit weiss, nehme bereits beim Einschiffen eine Tablette oder ein Zäpfli. Neu sind kleine Pflaster („Scopoderm TTS", erhältlich in Apotheken), die hinter das Ohr geklebt werden und bis zu 72 Stunden wirken. Haben Sie nicht vorgesorgt, kann Ihnen der Schiffsarzt aushelfen.

Und noch etwas: Versorgen Sie bei starkem Seegang alle lose umherliegenden Gegenstände rutschsicher in Ihrer Kabine, besonders die zerbrechlichen Artikel.

Bordapotheke und ärztliche Betreuung sind auf einer Kreuzfahrt vorgeschrieben. Aufgrund der internationalen Sicherheitsbestimmungen muss auf jedem Hochseeschiff mit 12 und mehr Passagieren ein Arzt an Bord sein.

Getränke

Alkoholika ist auf Kreuzfahrten-Schiffen zollfrei und somit ist die Versuchung grösser, sich ein Gläschen zu genehmigen oder neue Bekannte zu einem Umtrunk einzuladen. Doch bezahlen Sie Ihre Getränke immer gleich bar, lassen Sie sie nicht aufschreiben bis zum Ende der Kreuzfahrt; bei der Abrechnung am letzten Tag könnte die Stunde der Ernüchterung kommen!

Trinkgelder

Trinkgelder sind, von wenigen Ausnahmen abgesehen, in den Arrangements nicht eingeschlossen.

Man rechnet allgemein mit einem Tagessatz von 10 bis 15 Franken pro Passagier, wobei diese Summe zu halben Teilen an den Kabinensteward und den Tischkellner geht. Ist dieser Punkt unklar, fragen Sie bei der Buchung im Reisebüro nach den üblichen Ansätzen.

Bootsferien

Wollen Sie selbst einmal für einige Zeit das Steuer in die Hand nehmen, dann machen Sie Bootsferien. In England, Schottland, Irland, Frankreich und Holland können Sie Wohnboote wochenweise mieten und damit die vielen romantischen Kanäle und Binnengewässer kennenlernen. Wer bereits Bootserfahrung hat, dem bieten sich verschiedene Meeresküsten für nautische Entdeckungsreisen an.

Solche Ferien verlangen einiges an manuellem Geschick und an Improvisationsvermögen. Sicher ist auch etwas Wohnwagenerfahrung — der beschränkten Platzverhältnisse wegen — von Vorteil. Anderseits muss man am Bordleben den Plausch haben, gerne selbst Hand anlegen und kein Freund vorgeplanter Tagesabläufe sein.

Auskünfte über Bootsferien erhalten Sie in Reisebüros, bei spezialisierten Veranstaltern oder in den offiziellen Tourist Offices der einzelnen Länder (Adressen siehe S. 189).

Kapitän ahoi!

6000 Franken Miete zahlten Heinz R. und seine fünf Mitreisenden für Bootsmiete, ohne das Boot jemals zu betreten. Sie hatten ein entsprechend grosses Boot für Ferien in Irland reserviert und fünf Wochen vor Reisebeginn ihre Pläne geändert. Das Boot konnte nicht anderweitig vermietet werden, und in den Bedingungen des Reiseveranstalters, auf die deutlich hingewiesen wurde, heisst es wörtlich: „Es gelten die Bestimmungen der Verleiher der Boote, die bis 100% der Miete verlangen können, falls die gemieteten Objekte nicht weiterverkauft werden können."

In der Ferienwohnung: Rechtliche und allgemeine Überlegungen

Zwei Drittel der Schweizer reisen mit dem eigenen Auto in den Urlaub. Viele — vor allem Familien mit Kindern — verbringen ihre Ferien in gemieteten Häusern und Wohnungen. Das Angebot ist enorm, denn überall in den traditionellen Ferienländern Europas wurden Appartementhäuser und Grossüberbauungen aus dem Boden gestampft, die oft nur während kurzer Zeit bevölkert sind.

Private Hausbesitzer, Reisebüros, Agenturen und darauf spezialisierte Ferienwohnungsvermittler buhlen um die Gunst der Kunden. Wer die Wahl hat, hat oft auch die Qual, denn nicht immer entsprechen die Objekte den Vorstellungen, die man sich aufgrund von Inseraten, Prospekten oder Beschreibungen der Anbieter machen durfte.

Information vor Vertragsabschluss

Es ist deshalb sehr wichtig, sich vor Unterzeichnung eines Mietvertrages genau zu orientieren. Zur richtigen Information gehören unbedingt folgende Angaben:

Lage des Objektes (mitten oder abseits vom Ort, direkt am Meer oder weit entfernt)

Anzahl und Grösse der zur Verfügung stehenden Räume

Anzahl der Betten

Balkon, Terrasse oder Garten (Liegestühle vorhanden?)

Einrichtung der Wohnung (neu oder alt)

Küche oder Kochnische (Gas/Elektrisch/Kühlschrank)

Parkplatz

Spezieller Komfort (Waschmaschine/Fernsehen/Radio)

Mietzins und zusätzliche Auslagen für Heizung, Strom, Wäsche, Reinigung, Kur- und Beherbergungstaxen, Garage

Die Nebenkosten können einen auf den ersten Blick günstig erscheinenden Mietzins arg in die Höhe treiben.

Ein Bild des Ferienobjektes erleichtert die definitive Wahl. Auch aus den Listen der Verkehrsvereine lassen sich ergänzende Informationen entnehmen, obwohl nicht alle Wohnungsanbieter Mitglied der Verkehrsvereine sind.

Befindet sich die Ferienwohnung in der Schweiz oder in der näheren Nachbarschaft, empfiehlt es sich, sie vor Vertragsunterzeichnung zu besichtigen. Warum nicht an einem Wochenende eine gemütliche Fahrt dorthin unternehmen? Das bringt Gewissheit, das Richtige zu wählen, und verhilft zu einer Portion Vorfreude. Steht allerdings das Ferienhaus im Ausland, so ist eine vorherige Besichtigung kaum möglich. In diesem Fall sind Angaben über die Verhältnisse am Ort und im Objekt besonders wichtig. Lassen Sie sich die für Sie wichtigen Details vom Vermieter oder Vermittler schriftlich bestätigen.

Unbewohnbar wegen Feuchtigkeit

Wie gross das Risiko sein kann, wenn man mit einer unbekannten, im Ausland wohnenden Person einen Vertrag eingeht, erlebte Peter W. Er hatte von einem Münchner eine Wohnung im Tessin gemietet und 1650 Franken vorausbezahlt. Das Logis war in einem derart schlechtenZustand (85 bis 90 Prozent Feuchtigkeit, schimmlig, losgelöstes Parkett), dass die von Peter W. beigezogene Gemeindebehörde die Unbewohnbarkeit bestätigte. Die Feuchtigkeit war offenbar auf einen Wasserschaden in der darüberliegenden Wohnung zurückzuführen, doch der Vermieter hatte sich nicht um den Schaden gekümmert, den Verursacher nicht informiert und frischfröhlich weiter Mietverträge abgeschlossen und Mietzahlungen einkassiert. Das führte dazu, dass nebst Peter W. noch andere Mieter sich beim örtlichen Verkehrsverein beschwerten. Trotz Interventionen von Anwälten und dem Beobachter hat der Vermieter die erhaltenen Mietzinse nicht zurückerstattet. Ein Strafverfahren wurde im Tessin gegen ihn eingeleitet, ein ziviler Rückforderungsprozess wäre für den einzelnen Mieter mit hohen Kosten verbunden, muss er doch aufgrund der Gerichtsstandsvereinbarung im Tessin klagen gegen einen in München wohnenden Besitzer. Ohne Anwalt wäre dies nicht möglich, und bald würden die Kosten mehr ausmachen als der bezahlte Mietzins.

Solch negative Erfahrungen wird man nie ganz vermeiden können. Eine telefonische Nachfrage beim Verkehrsverein am Ort des Wohnobjektes könnte aber eventuell einen Schaden verhindern helfen, falls dort schon Reklamationen eingegangen sind.

Der Vertrag verpflichtet

Haben Sie den Mietvertrag unterschrieben, sind beide Parteien daran gebunden. Vorauszahlungen eines Teils oder sogar der ganzen Miete sind branchenüblich, denn auch der Vermieter muss sich gegen plötzliche Kündigungen (wegen schlechten Wetters) schützen. Müssen Sie aus privaten Gründen auf die Ferien verzichten, haften Sie trotzdem für den vollen Mietzins. Allerdings ist der Vermieter verpflichtet, den Schaden so klein wie möglich zu halten, das heisst einen Ersatzmieter zu suchen (Inserate, Anmeldung beim Verkehrsverein). Da Sie dem Vermieter oft nicht nachweisen können, diese Schadenminderungspflicht erfüllt zu haben, suchen Sie am besten selbst sofort mit Inseraten in grösseren Tageszeitungen einen Ersatzmieter. Je früher Sie künden, je grösser ist die Chance, dass Sie ohne Kosten aus dem Vertrag entlassen werden. Kann die Wohnung trotz allen Anstrengungen nicht weitervermietet werden, müssen Sie den vollen Mietzins — abzüglich Kosten für eingesparte Leistungen wie Heizung, Reinigung, Wäsche, Strom — bezahlen. Sie können sich durch den Abschluss einer Annullationskostenversicherung vor Schaden bewahren. (Siehe Kapitel „Sicher ist sicher" S. 89).

Wenn Vermieter und Mieter dasselbe tun

Johann M. hatte sich rechtzeitig um eine Ferienwohnung in Leukerbad bemüht, die in der Nähe des Heilbades lag, das seine behinderte Frau besuchen wollte. Elf Monate vor Ferienbeginn unterschrieb er bereits den Mietvertrag mit einer Treuhandfirma. Vier Wochen vor Ferienantritt erhielt er telefonisch Bescheid, dass die Wohnung anderweitig belegt sei. Gleichzeitig offerierte ihm der Vermieter eine andere Wohnung, die allerdings teurer ist, zwei Tage später bezogen werden kann und, was für Johanns behinderte Frau entscheidend ist, vom Bad entfernter liegt. Der Vermieter bricht den Vertrag und haftet somit für die Mehrkosten (teurere Wohnung, eventuell Taxispesen ins Bad, Unterkunft für die zwei fehlenden Tage). Nachdem das Obergericht des Kantons Wallis vor Jahren einen Mieter zur Bezahlung der Ferienwohnungsmiete verurteilte, obwohl er drei Monate vor Antritt wegen schwerer Erkrankung künden musste, sollte eigentlich auch Johann M. Schadenersatz zugesprochen erhalten, wenn ein Walliser Vermieter vier Wochen vor Ferienbeginn den Vertrag bricht. Dieser spekuliert (nicht zu Unrecht) damit, dass ein Mieter aus der deutschen Schweiz wegen einigen hundert Franken im Wallis nicht klagen wird. Wenn zwei dasselbe tun!

Wenn es an Mängeln nicht mangelt

Entspricht die Ferienwohnung nicht den Ihnen gemachten Angaben, sind jedoch die Mängel nur unwesentlich (ungenügendes Geschirr, zu weiche Matratzen, defekte Liegestühle usw.), werden Sie ein Auge zudrücken müssen, denn wie zu Hause leben Sie selten. Sind hingegen die Mängel erheblich (Kochnische statt Küche, zwei statt drei Schlafzimmer, schmutzig, feucht usw.), setzen Sie sich sofort mit dem Vermieter oder der Ihnen genannten Kontaktperson, bei der Sie den Wohnungsschlüssel bezogen haben, in Verbindung. Ersuchen Sie entweder um Behebung der Mängel (Nachreinigung, Nachlieferung von Wäsche oder Geschirr) oder zur Verfügungstellung einer anderen Unterkunft. Ist eine Wohnung in einem absolut unzumutbaren Zustand, was selten vorkommt, dann lassen Sie durch einen Vertreter des Kurvereins, der Ortspolizei oder der Gemeindebehörde eine amtliche Tatbestandsaufnahme machen. Nur mit Hilfe eines neutralen Protokolles, das Sie durch eigene Fotografien ergänzen, haben Sie − wenn überhaupt − eine Chance, den vorausbezahlten Betrag zurückzuerhalten, notfalls vor Gericht.

Vermieter oder Vermittler?

Für die Haftung gegenüber dem Mieter spielt es eine wichtige Rolle, ob der Vertrag direkt mit dem Hausbesitzer oder − vor allem für Objekte im Ausland − mit einer Ferienwohnungsagentur abgeschlossen wurde. Diese tritt meist nur als Vermittler auf und versucht allfällige Fehlleistungen auf den eigentlichen Besitzer abzuschieben, der eventuell in Sizilien zuhause ist. Wie schwierig es in einer solchen Situation sein kann, als Mieter zu seinem Recht bzw. zu seinem Geld zu kommen, zeigt ein besonders krasses Beispiel.

Eine schweizerische Agentur vermittelte Wohnungen und Häuser in Italien und bezeichnete sich selbst als Adria-Spezialist. Sie hatte mit italienischen Partnern Saisonverträge für Wohnungen und Häuser abgeschlossen, sich aber nicht ausreichend darum gekümmert, dass die Objekte auch entsprechend den Zusicherungen zur Verfügung stehen. Da eine ganze Anzahl Häuser zur Ferienzeit nicht oder nicht fertig gebaut waren, kam es zu katastrophalen Verhältnissen am Ferienort. Familien aus allen Regionen Europas konnten die gemieteten Häuser nicht beziehen (weil nicht vorhanden), mussten sich entweder mit schlechteren und kleineren Ersatzwohnungen zufriedengeben oder nach Hause zurückkehren. Sie warten vier Jahre später immer noch auf eine Vergütung der zuviel bezahlten Miete. Straf- und Zivilprozesse dauern oft Jahre, nützen wenig, kosten viel Geld und machen die verpfuschten Ferien nicht ungeschehen.

Auch wenn solche negative Erfahrungen eher selten sind, gilt ganz generell auch bei Ferienwohnungen der Grundsatz: Sich vorher richtig informieren erspart Ärger und Enttäuschungen.

Checkliste für Ferienhäuser und -wohnungen

Der Schweizerische Konsumentenbund (SKB) hat eine Checkliste für Ferienhäuser und -wohnungen erstellt, die dem interessierten Mieter viele wissenswerte Angaben über diese Unterkünfte vermittelt und ihm damit manche Unannehmlichkeit erspart. Diese Checkliste kann gegen Fr. 1.20 in Briefmarken und mit einem frankierten Antwortcouvert beim SKB, Postfach 3300, 3000 Bern 7, bezogen werden.

Vorbereiten

Reiseliteratur

Wer reist, um fremde Gegenden kennenzulernen und seinen Horizont zu erweitern, ist auf gute Literatur angewiesen. Heute gibt es zahllose — gute und weniger gute — Reiseführer und Karten über beinahe alle Länder. Was soll man nun wählen? Welches Buch ist „das beste"?

Das „beste" Buch gibt es nur in wenigen Fällen; oft sind mehrere Werke im Handel, die als gut bezeichnet werden dürfen. Eine Rangfolge ist daher nicht möglich.

Haben Sie sich für ein bestimmtes Ferienland entschieden, dann erkundigen Sie sich in mehreren Buchhandlungen; einige sind auf Reiseliteratur spezialisiert. Lassen Sie sich verschiedene Werke über „Ihr" Land vorlegen. Wählen Sie einen *Reiseführer,* dem Sie ausführliche Angaben über Geschichte und Gegenwart, Kultur, Wirtschaft und alles Sehenswerte entnehmen können. Auch darf es an Vorschlägen für private Touren sowie an einem nicht zu dünnen Kapitel über die Landes-Küche und Unterkunftsmöglichkeiten nicht mangeln. Ausserdem sind Tabellen mit ungefähren Preisangaben von Lebensmitteln, Restaurants sowie Bus-, Bahn- und Inlandflugtarifen sehr nützlich.

Damit Sie sich auch optisch über Ihr Ferienland orientieren können, erstehen Sie einen *Bildband.* Hier müssen Sie tiefer in die Tasche greifen, denn ein sauber gedrucktes, grossformatiges Bild vermag Sie auch nach der Reise noch lange zu erfreuen und regt Sie zudem an, besser zu fotografieren.

■ Hände weg von undatierten Strassenkarten! Achten Sie beim Kauf von Strassenkarten und Reiseführern auf das *Ausgabedatum* (meist am unteren Kartenrand bzw. im Impressum angeführt). Karten ohne klare Jahresangabe können wertlose „alte Hüte" sein und Sie beim „Pfadfinden" viel Zeit und Energie kosten. Fragen Sie im Zweifelsfalle Ihren Buchhändler (Auf Reiseliteratur spezialisierte Buchhandlungen: S. 195).

Der Papierkrieg

Der Reisepass

Generell: Schweizer Pässe sind gesuchte Objekte — tragen Sie darum besondere Sorge zu Ihrem roten Büchlein. Von Vorteil ist ein zweiter Ausweis wie Identitätskarte oder Führerschein — separat aufbewahrt —, damit Sie sich auch ohne Pass ausweisen können. Denken Sie nicht erst kurz vor der Abreise an die Erneuerung oder Verlängerung Ihres Reisepasses! Auch Ihre Kinder sollten Sie rechtzeitig eintragen lassen. In den grossen Städten dauert der „Papierkrieg" meist nur Tage, dagegen müssen Sie in Landgemeinden bis zu fünf Wochen auf Ihren Pass warten.

Wenn Sie öfter in Länder reisen, in denen Zollstempel gewisser Staaten unbeliebt sind, dann besorgen Sie sich einen zweiten Pass. Dieser kann jedoch nur auf ein Gesuch hin und mit besonderer Begründung ausgestellt werden. Sie dürfen aber nie beide Pässe gleichzeitig auf sich tragen — einer muss immer behördlich deponiert sein (Passbüro, Gemeindekanzlei).

Für Pass und Visa benötigen Sie *Passfotos*. Besorgen Sie sich genügend Bilder (für gewisse Visa werden gleich 4 Bilder verlangt).

Ohne Pass kein Spass

Wer reiseunerfahren ist, erkundige sich besonders gut. Die 76jährige Emmi M. hatte sich für eine Gesellschaftsreise nach Israel angemeldet, welche vom Pfarrer eines Nachbardorfes zusammen mit einem Reisebüro organisiert wurde. Emmi M. beachtete die Einfindungszeit im Flughafen nicht und traf zu spät und erst noch mit einem abgelaufenen Pass in Kloten ein. Mit dreistündiger Verspätung — sie musste zuerst ihren Pass verlängern lassen — konnte sie mit einer anderen Maschine nach Israel fliegen und dort zu ihrer Reisegruppe stossen. Die Mehrkosten von 350 Franken für den Einzelflug anstelle des Sonderfluges zum Gruppentarif musste sie selbst bezahlen und kam damit noch günstig weg, denn hätte sie einen eigentlichen Charterflug gebucht, wäre sogar das ganze Ticket verfallen und sie hätte den Einzelflug voll zusätzlich bezahlen müssen.

Passverlust

Pässe gehen nur selten verloren — viel häufiger werden sie *gestohlen*. Was tun, wenn man plötzlich ohne Ausweispapier dasteht? *In der Schweiz* meldet man den Verlust sofort dem nächsten Polizeiposten oder dem zuständigen Passbüro. *Im Ausland* ist es wesentlich unangenehmer, ohne Pass dazustehen. Setzen Sie sich in diesem Fall unverzüglich mit dem nächsten Konsulat in Verbindung. Dort wird man per Fernschreiber die von Ihnen gemachten Angaben (Passkopie vorzeigen!) überprüfen und Ihnen einen neuen Pass ausstellen. Dieser ist ein halbes Jahr gültig und hilft Ihnen, in den Ferien nicht „namenlos" zu sein.

Tragen Sie den Pass stets an einem sicheren Ort — also nie in Aussen- und Hosentaschen und auch nicht im Handtäschchen. Wenn Sie ihn nicht brauchen, ist er im Hotelsafe gut aufgehoben.

Fahren Sie bei Passverlust nicht auf gut Glück zum nächsten Schweizer Grenzübergang, in der Hoffnung, schon irgendwie wieder einreisen zu können. Der Schweizer Zollbeamte wird Sie zwar hereinlassen müssen, doch machen einzelne Länder *Ausreisekontrollen,* und da stehen Sie ohne Pass nicht gut da.

Die Einreisebestimmungen der einzelnen Ferienländer finden Sie in der Tabelle auf S. 197.

Das Visum

Die Schweiz hat mit zahlreichen Staaten ein Abkommen, wonach Angehörige beider Länder ohne Visum ein- und ausreisen können. Dies gilt jedoch nicht für alle Länder. Wer ohne Visum im Ferienland ankommt, riskiert unangenehme Überraschungen und muss im schlimmsten Fall unverzüglich die Heimreise antreten.

Verbindliche Angaben sind nicht möglich, da durch veränderte politische Verhältnisse des Landes (etwa in Afrika oder Asien) sich auch die Visabestimmungen ändern können. Erkundigen Sie sich in jedem Fall über die derzeit gültigen Regeln in Ihrem Ferienland und beantragen Sie *frühzeitig* Ihr Visum.

Für das Visum ist man selbst verantwortlich

Die Visumspflicht ist von Land zu Land unterschiedlich geregelt. Als Tourist muss man sich rechtzeitig darüber informieren und kann nicht das Reisebüro verantwortlich machen, wie dies Maria G. tat. Portugiesin von Geburt, verheiratet mit einem Franzosen, wohnhaft in der deutschen Schweiz, buchte sie bei einem Reiseveranstalter ein Pauschalarrangement nach Brasilien, wo sie und ihr Mann wegen fehlender Visa den Flughafen von Rio nicht verlassen durften und nach Montevideo fliegen mussten, um sich ein Visum zu beschaffen. Dadurch entstanden Mehrkosten in Höhe von über 2000 Franken, welche Maria G. beim Schweizer Reisebüro geltend machte. Sie argumentierte, der Reisebüro-Mitarbeiter hätte aufgrund ihrer französischen Sprache merken müssen, dass sie nicht Schweizerin sei und sie nach ihrer Nationalität fragen müssen. Als ob in der deutschen Schweiz keine Welschen wohnen! Sowohl im Katalog wie in der Auftragsbestätigung steht klar, dass die Hinweise bezüglich Visumsvorschriften für Schweizer Bürger gelten und dass jeder Passagier für seine Reisepapiere (Pass, Visum, Impfzeugnis) selbst verantwortlich ist. Auch die Touristen müssen etwas zum Gelingen ihrer Reise beitragen und können nicht alles auf den Reiseveranstalter abschieben.

Das Reisegepäck

Was wählen wir? Koffer? Rucksack? Seesack? Umhängetasche? — Bei der Wahl des passenden Reisegepäcks kommt es immer darauf an, wie Sie reisen und welche Garderobe Sie mitführen wollen. Für Hotelferien, Kreuzfahrten usw. eignen sich Koffer am besten, wer trampt und nur wenig Komfort braucht, wählt eher einen Rucksack.

Koffer

Bei den Koffern empfiehlt sich der Kauf unterschiedlicher Grössen: sie lassen sich bei Nichtgebrauch platzsparend ineinanderstellen; zudem haben Sie — je nach Reiseziel und Garderobe — stets die passende Koffergrösse zur Hand.

■ *Kofferschlösser* taugen oft nicht viel; ein breiter Lederriemen mit robuster Schnalle hält das Ganze viel sicherer zusammen. Abschliessen sollten Sie aber die Koffer trotzdem!

■ *Kofferschleppen* ist nicht jedermanns Sache. Etliche Modelle verfügen über versenkbare Handgriffe und Rädchen; es sind auch kleine Anschnallwägelchen auf dem Markt, die an der unteren Kofferkante anzubringen sind, so dass die Last bequem nachgezogen werden kann. Wählen Sie ein Modell mit grossen Rädern (ca. 8 cm ø), kleinere verklemmen oft.

■ *Kennzeichnen Sie Ihre Koffer!* Aussen mit einer stabilen Anhängeetikette (mit Ferien- *und* Heimadresse), innen mit der ständigen Wohnadresse (in den Deckel geklebt).

Koffer richtig beschriften

Falsche Gepäcketiketten waren unter anderem schuld, dass Ernst und Ida E. ihre Kreuzfahrt, die sie sich zum 70. Geburtstag leisteten, nicht geniessen konnten. Beim Treffpunkt in Chiasso, wo mehrere Busse auf die Touristen verschiedener Gruppen warteten, wurden die Koffer verwechselt. Ernst und Ida hatten nicht die vom Veranstalter erhaltenen, sondern neutrale Etiketten befestigt. Ernsts

Koffer traf mit viertägiger Verspätung, die gemeinsame Reisetasche mit sechstägiger Verzögerung auf dem Schiff ein, und Idas Koffer mit den extra für die Schiffsreise gekauften Kleidern kam erst in Zürich wieder zum Vorschein. Auch wenn die Versicherung bei Verspätungen 20% des Wertes für sofortige Neuanschaffungen zahlt, kann man sich vorstellen, dass die Reise für das ältere Ehepaar zum Alptraum wurde, denn auf dem Schiff gab es nur T-Shirts und Jeans zu kaufen. Auch die Tatsache, dass, dank der Intervention des Beobachters, Versicherung und Reiseveranstalter 900 Franken zurückvergüteten, vermag an der negativen Ferienerinnerung kaum viel zu ändern.

Rucksäcke

Das Angebot an Rucksäcken ist heute enorm. Darum immer zuerst überlegen, welchen Zwecken der Rucksack dienen soll. Der Sonntagswanderer ist mit einem Hochtourenrucksack schlecht beraten und der Weltenbummler wird bald über sein günstig erstandenes Warenhausmodell fluchen. Darum: für weite Reisen robuste Säcke wählen; Kauf oder Reparaturen unterwegs sind kostspielig!

Rucksäcke mit unterteiltem Innenraum und mit mehreren Aussentaschen erleichtern das sachgerechte Verpacken und rasche Auffinden. Wer viel wandert, achte auf bequeme Hüfttraggurten, welche die Schultern entlasten. Nützlich ist eine Regenhülle aus Plastik mit Gummizug.

Wenn Sie Ihren Rucksack aufgeben müssen: kantige und harte Dinge in der Mitte lagern, aussen herum mit Wäsche stopfen, Konturen rund und weich halten.

Ein zusätzlicher, *kleiner Rucksack* leistet auf Ausflügen und beim Einkauf gute Dienste. Kamera und Zubehör sind dort besser aufgehoben als auf dem Bauch. Beim Einkauf hat man zudem die Hände frei zum Handeln, Auswählen, Zahlen usw.

Notbeutel

Dieser Beutel ist eine praktische und beruhigende Einrichtung. Man kann ihn immer irgendwo im Gepäck verstauen. In diesem Plastikbeutel ist folgendes enthalten: *Schnur/Zwischenstecker* (Adapter, für den Betrieb von Fön, Rasierapparat)/*Taschenmesser* mit Schere, Zapfenzieher/*Baumwolltuch* zum Putzen, Polstern, Ausstopfen oder um etwas einzuwickeln/*Sicherheitsnadeln*.

Bei Flug- und Bahnreisen ist es nützlich, einige persönliche Dinge, auf die man nicht verzichten will, in einer Reisetasche mitzuführen: Medikamente, Zahnbürste, Notwäsche usw. Falls der Koffer verloren geht oder verspätet eintrifft, ist man um diese erste Hilfe froh.

Reisegepäckliste

☐ Kleider, Wäsche
☐ Halb-, Turn- und Wanderschuhe
☐ Regenschutz, Schirm
☐ Pullover, Jacke, Mütze, Shawl
☐ Badezeug, Bademantel
☐ Waschutensilien
☐ Kosmetika, Rasierzeug, Zwischenstecker
☐ Nähbeutel, Schuhputzzeug, Kleiderbürste
☐ Alleskleber, Fleckenmittel
☐ Reiseapotheke *(aufgefüllt)*
☐ Kleider- und Hemdenbügel
☐ Sonnenhut, -brille, -creme, -öl
☐ Ohrenpfropfen
☐ Ersatzbrille, Kontaktlinsen
☐ Insektenschutzmittel
☐ Taschenmesser
☐ Wanderstock, Fernglas, Angelzeug
☐ kleiner Rucksack oder Lunchtasche
☐ Einkaufsnetz, Plastikbeutel
☐ Foto/Filmausrüstung, Filme, Zubehör
☐ Schreib- und Malzeug, Adressen
☐ Ausweise, Geld, Fremdwährung, Checks
☐ Wörterbuch, Lesestoff, Spiele, Musikinstrumente
☐ Reiseführer, Karten, Stadtpläne
☐ ....
☐ ....
☐ ....
☐ ....
☐ ....
☐ ....

Die Reisekasse

Welches ist das ideale Zahlungsmittel für Ihre Ferien? Bargeld? Euro- oder Reisechecks? Kreditkarten?

Bargeld

Diese Variante ist nicht empfehlenswert. Die Gefahr von Verlust oder Diebstahl ist zu gross. Zudem ist der Wechselkurs im Ferienland meist ungünstiger und in vielen Ländern bestehen Ein- und Ausfuhrbeschränkungen. Tauschen Sie zu Hause lediglich einen angemessenen Betrag in die Ferienwährung, um bei der Ankunft die ersten Auslagen wie Taxi, Trinkgeld, Telefon, Restaurant, Briefmarken usw. berappen zu können.

Reisechecks

Reisechecks – auch Travellers Cheques genannt – gelten als das sicherste Zahlungsmittel, da sie nur gegen Unterschrift und Vorlage des Reisepasses eingelöst werden können. Diese banknotenähnlich bedruckten Scheine sind unbeschränkt gültig; Sie können die restlichen Checks also auch im folgenden Jahr verwenden. Da sie jedoch nur durch ihren jeweiligen Besitzer einlösbar sind, sollten bei Familien- oder Gruppenreisen mindestens zwei Teilnehmer über eigene Reisechecks verfügen.

Bei Verlust oder Diebstahl garantieren die ausgebenden Banken vollen Ersatz und zwar meist innert 24 Stunden. Diese Sicherheit kostet Sie 1% der Verkaufssumme; wenn Sie also für 2000 Franken Checks kaufen, macht das 20 Franken. Die Reisechecks können Sie in Geschäften, Hotels, Restaurants, Reisebüros usw. einlösen; den günstigeren Devisenkurs erhalten Sie hingegen in Banken und Wechselstuben.

Ob Sie Ihre Checks gegen Bargeld eintauschen oder damit in einem Geschäft bezahlen, zu beachten sind immer folgende Regeln:

■ Beim *Kauf der Reisechecks* sofort jeden Schein unterschreiben. Die zweite Unterschrift *erst beim Einlösen* und in Gegenwart des Empfängers daruntersetzen! Also *nie im voraus* zum zweiten Mal unterschreiben!

■ *Nummern der eingelösten Checks* auf der Verkaufsabrechnung notieren. Bei Verlust wissen Sie, was fehlt, und zudem haben Sie eine ständige Kontrolle über Ihr Ferienbudget.

■ *Verkaufsabrechnung* immer getrennt von den Checks aufbewahren (gilt als Rückerstattungsbeleg).

■ Bei *Verlust der Checks* sofort Ihre entsprechende Organisation, die nächstgelegene Bank oder Reiseagentur benachrichtigen und die Nummern der nicht eingelösten Checks angeben (deshalb stets die Verkaufsabrechnung nachführen).

Bei Diebstahl: Polizeirapport einholen!

■ Kaufen Sie verschiedene Checkwerte. Es gibt solche zu 10.−, 20.−, 50.−, 100.− und 500.− Franken bzw. Dollar. Kalkulieren Sie den jeweiligen Eintausch so, dass Sie gegen Ferienende nicht noch einen grossen Check eintauschen und dann viel unnützes Feriengeld nach Hause nehmen müssen. Noten können Sie daheim zurücktauschen, Münzen dagegen nicht oder dann nur zu einem miserablen Kurs.

Checkfälschung

■ Wenn Sie mit Euro-Checks unterwegs sind: Stellen Sie den Check beim Einlösen auf den Höchstbetrag von 300 Franken in Landeswährung aus, damit an Ihren Eintragungen nichts verändert werden kann. Schon oft wurden aus 100 oder 200 Franken in Wort und Zahl 300 gemacht. Dieser Betrag ist durch die Checkkartenversicherung nicht gedeckt.

Kreditkarten

Bargeldlos Essen, Trinken, Einkaufen, Wagen mieten, Tanken und Übernachten wird auch in der Schweiz immer beliebter. Dieses „Plastikgeld" funktioniert so:

■ Sie erwerben eine Kreditkarte bei einem Kreditkartenunternehmen (Jahresgebühr um 100 Franken). Wenn Sie im Restaurant, Hotel oder Laden zahlen, wird Ihre Kreditkartennummer abgedruckt und Sie haben nur zu unterschreiben. Die Abrechnung erfolgt automatisch über Ihr Bankkonto.

Neben den bekannten Kreditkarten wie American Express, Diners Club, Visa, Eurocard usw. existieren Einkaufskarten von Warenhäusern und Tankstellenketten sowie Bargeld-Bezugskarten der Banken und der Post.

■ Der Verlust einer Kreditkarte kann leichter zu Missbrauch führen als bei Euro- oder Reisechecks. Manche Kreditkarten-Unternehmen bieten daher Versicherungen an.

Niemand ist verpflichtet, Ihre Kreditkarte anzuerkennen. Wird sie nicht angenommen, heisst es bar zu bezahlen. Darum: Auf alle Fälle immer Bargeld auf sich tragen!

Devisenbestimmungen in Ostblockstaaten

Lassen Sie sich bei Reisen in die Ostblockstaaten genau über die Devisenbestimmungen orientieren. In diesen Ländern besteht für die Landeswährung striktes Ein- und Ausfuhrverbot. Sie haben dort täglich einen bestimmten Betrag — um 25 Franken — zu einem (miserablen) Touristenkurs umzutauschen, müssen jedoch gelegentlich Ihr Hotelzimmer in westlicher Währung bezahlen. Vorsicht:

■ Wechseln Sie — auch wenn es viel günstiger erscheint — *niemals* auf der Strasse.

■ Wechseln Sie auch im Hotel *nur gegen Quittung,* da Sie bei der Ausreise alle Belege vorweisen müssen.

Billige Ferien werden Sie, ausser in Rumänien und Ungarn, in diesen Ländern also kaum verbringen können. Das Visum in die ČSSR kostet z. B. durchschnittlich 26 Franken. Sie werden dementsprechend bei verschiedenen Gelegenheiten zur Kasse gebeten.

Eine *Währungstabelle* für die wichtigsten Ferienländer finden Sie im Anhang S. 200.

Sicher ist sicher

Reisen ist immer mit gewissen Risiken verbunden, befinden wir uns doch in fremden, uns ungewohnten Situationen. Im Ausland tritt uns eine andere Mentalität entgegen, herrschen andere Gewohnheiten; wir Besucher gelten automatisch als Reiche und werden folglich auch viel eher bestohlen.

Vor Reiseantritt ist zu kontrollieren:

■ ob im gebuchten Arrangement die *Annullierungskosten* gedeckt sind. Wenn nicht, sollten Sie sich auf freiwilliger Basis versichern.

■ ob eine *Reisegepäckversicherung* eingeschlossen ist. Achtung: Die persönliche Hausratversicherung genügt für diese Zwecke nicht und deckt auch keine Beschädigung des Gepäcks!

■ *Reiseversicherungen* bestehen aus einer Sachversicherung (Gepäck) sowie einer Versicherung für Unfall, Flugunfall, Krankheit, Annullierungskosten und Nottransport.

Wichtigstes Versicherungspaket für Schweizer auf Reisen:

■ Annullierungskosten-,
■ Reisegepäck- und
■ Nottransportversicherung.

„Versicherungs-Chinesisch"

■ **Annullierungskostenversicherung**
Sie deckt anfallende Annullierungskosten bei Unfall, Krankheit oder Tod.

Bei Pauschalarrangements kann der Reiseveranstalter bei Annullierung vor Reiseantritt eine Entschädigung verlangen, weil der reservierte Platz kurzfristig nicht verkäuflich ist. Über die Rücktrittsentschädigungen informieren die allgemeinen Bedingungen der Reisekataloge. Sie sind mehrheitlich wie folgt geregelt:

21 – 15 Tage vor Abreise   **10%**
14 – 8 Tage vor Abreise   **30%**
   7 und weniger Tage vor Abreise 75%

Bei Kreuzfahrten, bei grösseren Rund- und Abenteuerreisen gelten noch strengere Regeln (meist bis 100% bei Annullierung des gebuchten Arrangements 30 Tage vor Reiseantritt), da sich diese Reisen kurzfristig praktisch nicht mehr verkaufen lassen.

Versicherungskosten: Bei allen Gesellschaften normalerweise 4% des Reisepreises.

Achtung: Annullierungskosten werden von den Versicherungen nicht gedeckt, wenn der Reiseverzicht auf eine Erkrankung oder einen Unfall zurückzuführen ist, die nachweislich bereits bei der Buchung bestanden haben. Die gleichen Einschränkungen gelten auch bei verschiedenen Reiseversicherungen. Verlangen Sie deshalb rechtzeitig die Versicherungs-Police und überprüfen Sie die Bestimmungen.

Verunfallt, bevor die Buchung bestätigt wurde

Käti R. erkundigte sich telefonisch bei einem Reiseveranstalter, ob bei einer in zwei Wochen stattfindenden Tunesienreise noch zwei Plätze frei seien. Zwei Tage später erhielt sie — wiederum telefonisch — positiven Bescheid. Die Buchungsbestätigung samt allen Informationen folge in den nächsten Tagen. Diese Dokumente waren noch nicht eingetroffen, als Käti drei Tage später am Arbeitsplatz verunfallte und ins Spital musste. Sofort wurde das Reisebüro orientiert, das unter Berufung auf die allgemeinen Bedingungen 75 Prozent des Arrangements für beide Personen (2015 Franken) verlangte und sogar drohte, die Eltern der beiden unmündigen Mädchen zu belangen. Beides ist rechtlich unhaltbar: Die allgemeinen Bedingungen haben für den Kunden erst verbindlichen Charakter, wenn er ausdrücklich darauf verwiesen wird (in der Buchungsbestätigung), und die Eltern haften nicht für Verträge, welche Jugendliche im Rahmen ihres eigenen Einkommens abgeschlossen haben.

■ Unfallversicherung

In der Schweiz sind die meisten Leute privat — oder als Arbeitnehmer — auch durch die obligatorische Unfallversicherung (UVG) versichert. Besteht nur eine private Versicherung, ist es ratsam, *vor* Reiseantritt abzuklären, ob man auf Reisen versichert ist und welches die Leistungen sind.

■ Flugunfallversicherung

Wohl haftet die Fluggesellschaft bei Todesfall, zahlt aber nur bei eigenem Verschulden (z. B. Swissair mit Fr. 200 000.—, einige amerikanische Gesellschaften mit Fr. 140 000.—, andere europäische mit etwa Fr. 70 000. –). Liegt die Unfallursache jedoch am Triebwerk oder am Fahrgestell, haftet der Flugzeughersteller, was einen langwierigen Prozess nach sich ziehen kann. Privat abgeschlossene Versicherungen werden dagegen rasch ausbezahlt.

■ **Reisekrankenversicherung**
90% der Schweizer sind privat oder bei einer Krankenkasse versichert. Sie sollten sich über den Geltungsbereich erkundigen und gegebenenfalls eine Ausdehnung der Deckung (Reiseland) beantragen. Die Höhe der Leistungen ist zu überprüfen (z. B. USA: hohe Spital- und Arztkosten!).

■ **Nottransportversicherung**
Für 20 Franken Jahresprämie (Fr. 50. – für Familien) deckt diese Versicherung bei der Schweizerischen Rettungsflugwacht (REGA) folgende Leistungen:
■ Kranken- und Verletztentransporte mit Flugzeug oder Helikopter
■ Rettungs- und Suchaktionen
■ krankheitsbedingten, vorzeitigen Rückflug
Näheres siehe Seite 206.

■ **Reisegepäckversicherung**
Sie deckt Gepäckschäden, verursacht durch unsachgemässe Behandlung durch Drittpersonen und Diebstahl. Es können einfacher Diebstahl sowie Aufschneide-, Entreiss-, Taschen-, Zimmer- und Autoeinbruchdiebstähle versichert werden. Leichtsinniges Verhalten und ungenügende Sorgfalt können zur Ablehnung des Schadens durch die Versicherungsgesellschaft führen.

Trotz Versicherung Schaden selbst bezahlt
Wegen Erkrankung musste das Ehepaar Z. seine gebuchte Donaufahrt kurzfristig absagen und erhielt vom Reisebüro eine Rechnung für fast 2000 Franken Annullationskosten (75 Prozent des Arrangementpreises). Xaver Z. machte sich keine Sorgen, hatte er doch separat eine Annullationskostenversicherung abgeschlossen. Doch oh weh, er hatte die einschränkende Bestimmung nicht beachtet, wonach die Kosten nur übernommen werden, „sofern der Versicherte wegen der Krankheit oder Körperverletzung, die zur Annullierung führt, nicht innerhalb der letzten 6 Monate vor der definitiven Buchung von einem Arzt behandelt wurde". Xaver Z. war tatsächlich 10 Tage vor der Buchung wegen Knieschmerzen beim

Hausarzt gewesen, der aber keinen Hinderungsgrund für die Reise sah. Dass sich der Zustand des Gelenkes zwei Monate später so stark verschlechtern und ein beigezogener Spezialist von der Reise abraten würde, konnte Xaver Z. nicht ahnen. Trotzdem weigerte sich die Versicherungsgesellschaft, den Schaden zu decken. Erst aufgrund der Intervention des Beobachters erklärte sie sich bereit, wenigstens die Hälfte zu übernehmen. Doch 1000 Franken musste Xaver Z. selbst bezahlen.

Sicherheits-Tips

■ Besonders in armen Ländern wird der Tourist sofort erkannt und ist dementsprechend Zielscheibe der Langfingerzunft. Darum: Kleiden Sie sich unauffällig.

■ Im Ferienland nicht mit Schmuck und teuren Kleidern umherstolzieren; ausgenommen bei feierlichen Anlässen gehört kostspieliger Schmuck in den Hotelsafe (und nicht in die Nachttisch-Schublade!). Im Normalfall werden Sie Ihren wertvollen Schmuck ohnehin zu Hause lassen.

■ Auch Bargeld, Checks und Filmmaterial können dem Hotel-Concierge in Verwahrung gegeben werden (immer gegen Quittung!). Man trägt mit Vorteil nur den jeweiligen Tagesbedarf an Geld auf sich.

■ Wertvolles nicht in Gesäss- und Brusttaschen bei sich führen (Geld, Checks, Reisepass usw.); kann je nach Land zu Entreissdiebstählen verleiten.

■ Praktisch und sicher sind Gürtel mit eingebautem Geldfach. In Gebieten mit besonders hoher Kriminalität empfiehlt es sich, seine Börse um den Bauch unter der Hose zu tragen.

■ Fotoapparate und Filmkameras bei Nichtgebrauch in die Tasche oder in den Rucksack stecken. Seitlich angehängte oder lose am Bauch baumelnde Kameras und Objektive können — besonders im Gedränge — leicht den Besitzer wechseln.

■ Beutel und Tragetaschen nie offen herumtragen.

■ Koffer im Hotelzimmer mit Schlüssel verschliessen. Das Hotel ist nur für die im Safe deponierten Dinge verantwortlich!

■ In Jugendherbergen, Massenlagern und anderen ungesicherten Schlafmöglichkeiten tragen Sie Ihr Geld im Schlaf auf sich oder verstecken es im Schlafsack.

■ Wer in zweifelhaften Herbergen nächtigen muss oder will, klemmt zur Sicherung seiner Habe den Koffer oder Rucksack zwischen Bett und Wand.

■ Persönliche Gegenstände nur in gruppeneigenen, bewachten Bussen zurücklassen.

■ *Bei Diebstahl immer einen Polizeirapport einholen!*

■ Wertvolle Gegenstände wie Kameras, Ferngläser usw. immer *zum doppelten Wert* versichern. Grund: Teure Objekte sind für die Versicherer von vorneherein ein drei- bis vierfaches Risiko, da sie viel eher gestohlen werden. Normalerweise werden nur 50% des Versicherungswertes ausbezahlt. Also: 500fränkige Kamera für 1000 Franken versichern.

■ **Auch eine teure Versicherungspolice entbindet nicht von der Sorgfaltspflicht!**

Verfärbte Kleider

Silvia G. hatte Pech in einem Hotel in Mexico. Die Klimaanlage war defekt, das Kondenswasser floss in den Schrank, die Kleider wurden durchnässt und teilweise verfärbt. Nach langem Hin und Her notierte die Hotelleitung den Schaden von ca. 1100 Franken — die Reiseleiterin unterschrieb das Protokoll ebenfalls — und versprach, die Versicherung würde den Schaden übernehmen. Doch Silvia G. musste die Heimreise ohne Entschädigung antreten. Der schweizerische Veranstalter haftet nicht für derartige Ereignisse, setzte sich aber beim Hotel ein und bekam die Antwort, die Versicherung würde 200 Franken vergüten. Da Silvia G. nicht mehr in Mexico sei, könne der Schaden nicht genau überprüft werden. Dabei war eine detaillierte Liste erstellt und von vier Personen unterschrieben worden. Da Silvia G. ja nicht in Mexico prozessieren konnte, musste sie sich mit den 200 Franken zufriedengeben. Durch eine in der Schweiz für die Ferien abgeschlossene Reisegepäckversicherung wäre sie besser geschützt gewesen.

Für Autofahrer

Je nach Destination und Art Ihrer Ferienreise empfiehlt sich der Abschluss einer kurzfristigen *Vollkasko-Versicherung*. In etlichen Ländern deckt die Haftpflichtversicherung nur Personen-, jedoch keine Sachschäden.

Sind Sie bei der Krankenkasse nur für die Schweiz versichert, lohnt sich der Zusatz einer weltweit gültigen Versicherung für die gesamte Feriendauer. Bei Unfall oder Krankheit in den Ferien ist in schweren Fällen sofort ein Arzt beizuziehen und ein ärztliches Zeugnis zu verlangen.

Wenn Sie bestohlen worden sind, lassen Sie sich umgehend von offizieller Seite (Polizei, Reiseagentur, Bahn oder Schiffahrtsgesellschaft) den Diebstahl bestätigen. Sammeln Sie in jedem Fall alle Belege und gehen Sie gemäss den Wegleitungen Ihrer Versicherung vor.

Der *Reiseschutzbrief* leistet sehr gute Dienste, wenn es zu Autopannen und damit zu finanziellen Auslagen kommt.

Geraten Sie im Ferienland mit unbekannten Gesetzen in Konflikt, leistet die *Rechtsschutz-Versicherung* wertvolle Dienste (Rechtsbeistand, Stellen von Kautionen).

Gelegenheit macht Diebe!

Die Ferienzeit ist Hochsaison für Diebe — zu Hause *und* am Ferienort! Um Einbrechern, Autoknackern, Taschendieben und anderen zwielichtigen Gestalten das Handwerk zu erschweren, seien hier einige Verhaltensregeln notiert:

Sicherheit daheim

■ Vermeiden Sie jedes äussere Zeichen der Abwesenheit an Ihrer Wohnungstür und an den Fenstern: bitten Sie Ihren Nachbarn, den *Briefkasten regelmässig zu leeren* und in unregelmässigen Abständen in Ihrer Wohnung *Licht brennen zu lassen.*

■ Lassen Sie Schmuck, Wertgegenstände, Sparbücher und Bargeld nicht in der Wohnung zurück. Im Safe Ihrer Bank ist dies alles besser aufgehoben.

■ Legen Sie eine Liste mit Nummern und Merkmalen jener Wertgegenstände an, die während Ihrer Reise in der Wohnung bleiben (bei technischen Geräten auch Erzeuger, Typ und Fabrikationsnummer). Sie erhöhen im Entwendungsfall die Möglichkeit einer Wiederbeschaffung beträchtlich.

■ Wie alt ist Ihr Türschloss? Einbrecher haben gute technische Kenntnisse. Eine wirksame Sicherung sind zwei moderne Schlösser verschiedener Konstruktion. Die Schliesszylinder sollen mit einer Aufbohrsicherung versehen sein. Herausragende Zylinder können von Eindringlingen abgedreht werden.

■ Zusätzliche Sicherungen sind durch verschiedene Typen von Türsperren und Sicherheitsketten oder eine Alarmanlage möglich (alle im Fachhandel erhältlich).

Auch die beste Elektronik kann den Dieb nicht fernhalten, sie kann nur seine Anwesenheit signalisieren. Beugen Sie deshalb in den einzelnen Räumen entsprechend vor:

■ Schubladen von Tischen, Kommoden und Kästen *nicht* abschliessen (sonst entsteht zusätzlicher Schaden durch Aufbrechen).

■ Dauernd geschlossene Fensterläden bedeuten für Einbrecher „grünes Licht".

Taschendiebstahl

Taschendiebe gibt es überall, besonders an Orten mit grossen Menschenansammlungen und in Touristenzentren. Die Langfingerzunft kennt viele Tricks, um zum Ziele zu kommen; machen Sie es ihr mit folgendem Verhalten schwer:

■ Sämtliche Finanzen (ausser einem kleineren Betrag in der Landeswährung) nie in Aussentaschen und lockeren Kleidungsstükken aufbewahren. Besser sind Hosengürtel mit Reissverschluss („Geldkatze") oder unter der Wäsche liegende „Geheimfächer". Im Notfall bleibt als Versteck die Unterwäsche.

■ *Brustbeutel* sind nicht zu empfehlen — man sieht Ihnen schon meilenweit an, wo Sie Ihre Kostbarkeiten tragen, und zudem ist ein derartiges Anhängsel, besonders in warmen Ländern, unangenehm.

■ *Reisepässe* sind gesuchte Artikel, die sich teuer versilbern lassen. Wenn Sie den Pass nicht unbedingt brauchen, ist er im Hotelsafe gut aufgehoben.

■ *Uhren und Schmuck* sind Zeichen für Wohlstand und Reichtum und können schnell den Besitzer wechseln. Wenn Sie nicht auf Kreuzfahrt sind oder im Grandhotel wohnen, lassen Sie Ihre Kostbarkeiten besser daheim im Bankfach. Sie werden Ihre Ferien unbeschwerter geniessen.

Entreissdiebstahl

In Italien beispielsweise nennt man sie „scippotori" — jene von vorüberflitzenden Motorrädern aus operierenden Handtaschenräuber: Sie fahren dicht an einer Passantin vorbei, entreissen ihr die Handtasche und sind im Nu verschwunden. Da kommt jede Reaktion zu spät. Sorgen Sie deshalb vor:

■ Tragen Sie nur den Tagesbedarf an Geld auf sich.

■ Die Handtasche durch den Traggriff fassen und auf der von der Strasse abgewandten Seite tragen.

■ Wenn Sie trotzdem von einem Entreissdiebstahl betroffen werden: Lassen Sie Ihre Tasche los! Krimskrams und Geld zu verlieren ist das kleinere Übel als durch einen Sturz Körperverletzungen zu riskieren!

■ Unternehmen Sie Abendspaziergänge nur zu zweit oder in einer Gruppe.

■ Alle Wertsachen im Hotelsafe lassen (auch die Kamera, wenn Sie nicht auf Fotopirsch sind).

■ Nicht am Strassenrand, sondern in der Trottoirmitte gehen.

■ Alarmpfeifen und Taschensirenen sind kaum je nützlich – bis Sie den Schriller aus der Tasche gezogen haben (falls diese noch da ist), ist der Übeltäter längst über alle Berge.

■ Vermeiden Sie grosse Menschenansammlungen (diese sind ein ergiebiges Wirkungsfeld für Taschendiebe) und halten Sie auch im Gedränge einen gewissen Abstand.

■ Geld hat in den Gesässtaschen nichts verloren (rasierklingengewandte „Aufschneider" haben da besonderes Geschick!).

■ Sollten Sie trotz aller Vorsicht irgendwie und irgendwo einmal bestohlen werden: Lassen Sie sich dadurch nicht die Ferien verderben, auch dann nicht, wenn der Diebstahl nicht aufgeklärt wird. Viele Feriendiebstähle bleiben im dunkeln – übrigens auch in der Schweiz.

Gepäck nie aus den Augen lassen

Trotz Diebstahlversicherung kam Jürg W. zu Schaden, als ihm in Barcelona Tasche und Rucksack gestohlen wurden. Er war die ganze Nacht mit der Bahn gereist und musste vier Stunden auf den Anschlusszug warten. Die Gepäckaufbewahrungsstellen waren geschlossen, so dass er seine Sachen mit sich herumtragen musste. Auf einem nahe beim Bahnhof gelegenen, zu dieser Zeit menschenleeren Platz setzte er sich auf eine Bank. Ein menschliches Bedürfnis, dessetwegen er sich hinter eine Mauer begab, wurde ihm zum Verhängnis. Rucksack und Tasche waren weg, als er zurückkam, worauf er die Polizei orientierte und sich beim Konsulat eine Bescheinigung der Diebstahlsanzeige besorgte. Doch die Versicherung lehnte vorerst jegliche Bezahlung ab, „weil unbeaufsichtigte Gegenstände geradezu zum Diebstahl animieren". Schliesslich übernahm sie die Hälfte des Schadens (400 Franken), da sie verstand, dass sich Jürg W. aufgrund der besonderen Umstände in Sicherheit fühlte.

Diebstahl während der Bahnreise

■ Lassen Sie im Reisezug Ihr Gepäck nie unbeaufsichtigt im Abteil zurück.

■ Tragen Sie im Schlaf- oder Liegewagen Ihre Wertsachen stets auf sich.

■ Stellen Sie den Koffer über Nacht an die Abteiltüre, damit niemand unbemerkt hereinkommen kann.

■ Lassen Sie in Bahnhöfen (und Flughäfen) das Gepäck nie unbeaufsichtigt stehen und vertrauen Sie es nur offiziellen Gepäckträgern an, niemals jedoch zufällig in der Nähe stehenden freundlichen Fremden.

Diebstahl im Hotel

Selbst im teuersten Hotel sind Sie nicht gegen einen Diebstahl gefeit. Beugen Sie darum vor:

■ Nie das Hotelpersonal zum Diebstahl verleiten! Lassen Sie keine Wertgegenstände herumliegen. Schmuck, Kameras, Bargeld, Checks, Filme usw. gehören weder in den (verschlossenen) Kasten oder Koffer, sondern (immer gegen Quittung!) in den Hotelsafe.

■ Sollte Ihnen doch einmal etwas gestohlen werden: Informieren Sie unbedingt die Polizei (Protokoll für Ihre Versicherung). Lassen Sie sich den Diebstahl von der Hotelleitung bestätigen. Ausser beim Bargeld und beim Schmuck wird die Haftpflichtversicherung des Hotels zum Zuge kommen. In der Praxis ist es allerdings oft schwierig, seine Forderung durchzusetzen, besonders wenn sich das Hotel in einem fernen Land befindet, das Sie längst wieder verlassen haben. Führen Sie deshalb zum vorneherein niemanden in Versuchung.

Autodiebstahl

Wer mit seinem fahrbaren Untersatz in die Ferien reist, sollte nicht vergessen, . . .

■ dass Autos keine „Schaufenster" sind; Wertsachen wie Kameras usw. sind unter den Sitzen zu verstecken oder im verschlossenen Kofferraum zu versorgen.

■ dass vor dem Weggehen immer geprüft werden muss, ob die Fenster ganz hochgedreht und die Türen verschlossen sind.

■ dass Autodiebe alles mitlaufen lassen, was irgendwie zu versilbern ist; darum nichts im Wagen liegen lassen, auch keine Jacke und keinen Schirm.

■ dass auch auf den Autobahnrastplätzen Diebe arbeiten; auch wenn Sie nur einige Sekunden weggehen: Fahrzeug abschliessen!

■ dass auch beim Essen unterwegs, nahe und in Sichtweite zu parkieren ist. Benützen Sie wenn immer möglich bewachte Parkplätze und Garagen (besonders in den Städten).

■ dass Autos nie in dunklen Seitenstrassen abgestellt werden sollten; buchen Sie ein Hotel mit bewachtem Parkplatz oder mit Garage.

Sollte Ihnen wirklich etwas gestohlen werden: Diebstahl beim nächsten Polizeiposten melden und ein Protokoll für Ihre Diebstahlversicherung verlangen.

Da in zahlreichen Fällen das gestohlene Gut nie wieder auftaucht, sollten Sie zu Ihrem eigenen Vorteil keine unersetzlichen Dinge mit in die Ferien nehmen.

Ihr Garagist berät Sie beim Einbau von Alarmanlagen und Systemen mit verstecktem Schalter, die Zündung oder Benzinzufuhr unterbrechen.

Befolgen Sie die vorstehenden Sicherheitsmassregeln (auch eine Diebstahlversicherung entbindet Sie nicht von der eigenen Sorgfaltspflicht) — aber lassen Sie sich Ihre wohlverdienten Ferien nicht dadurch vergällen, dass Sie in jedem Fremden einen potentiellen Dieb sehen.

Ferienmedizin

Reisen bedeutet immer *Umstellung,* auch wenn Sie dabei kürzere Strecken zurücklegen. Menschen, Mentalität, Sprache, Küche: Alles ist im Ferienland anders und für uns ungewohnt. Reisen wir über grössere Distanzen, müssen wir uns dazu noch an die *Zeitverschiebung* gewöhnen.

Zu den Reisevorbereitungen gehört auch die Orientierung über das *Klima* im Ferienland. Vor allem sollten Sie über die zu erwartenden Temperaturen, die Luftfeuchtigkeit und die Luftbewegungen Bescheid wissen; in der Äquatorgegend kann man sich wegen des raschen Tag- und Nacht-Wechsels und den damit verbundenen beträchtlichen Temperaturschwankungen einen tüchtigen Schnupfen holen! Berücksichtigen Sie deshalb beim Zusammenstellen Ihrer Reisegarderobe die klimatischen Bedingungen.

Besondere Risiken

Wir können heute die entferntesten Ziele innerhalb weniger Stunden bequem mit dem Flugzeug erreichen. Diese jähe Umstellung bedeutet jedoch immer eine Belastung. Während die einen sich relativ leicht umgewöhnen können, haben andere alle Mühe, ihren normalen Tag-/Nacht-Rhythmus wiederzufinden. Diese Veränderungen beeinflussen auch die Leistungsfähigkeit des Körpers (die bekannten „schlaffen" drei ersten Tage mit Appetitlosigkeit, Schlafstörungen usw.). Gefährlich für Ihre Gesundheit sind jedoch die am Ferienort herrschenden, oftmals prekären *hygienischen Verhältnisse.* Erkundigen Sie sich daher *vor* der Reise über das Vorkommen übertragbarer und parasitärer Krankheiten.

Sind Sie „ferientauglich"?

Vor Reisen, die klimatische Umstellungen erfordern, sollten Sie beim Arzt Ihren Gesundheitszustand überprüfen lassen. Tropenaufenthalte, Trekking und andere Programme mit körperlicher Beanspruchung erfordern eine Abklärung der „Ferientauglichkeit".

Auch der Zahnarzt kann Ferienstörungen vermeiden helfen. Setzen Sie die jährliche *Zahnkontrolle* zeitlich so an, dass er notwendige Behandlungen noch *vor* Ihrer Abreise durchführen kann.

Das beste Rezept für Ihre Gesundheit ist eine *aktive Vorbereitung* auf Ihre Ferien. Betreiben Sie Sport wie Schwimmen, Wandern, Radfahren usw.

Vorbeugen ist besser als heilen!

Flugreisen

■ Empfindliche Personen können der *Reisekrankheit* (Schwindel, Übelkeit, Erbrechen, Nervosität) durch Einnahme eines geeigneten Medikamentes vor Reiseantritt vorbeugen. Bei längeren Flügen leistet ein „Depotmedikament", das seine Wirkstoffe über einen längeren Zeitraum abgibt, gute Dienste.

■ Ein zu voller, aber auch ein ganz leerer Magen kann das Wohlbefinden während der Reise beeinträchtigen.

■ Bei besonders schlecht disponierten Personen und bei Patienten mit Herz- und Kreislaufleiden können infolge des Kabinendrucks im Flugzeug kritische Situationen auftreten. Zufuhr von reinem Sauerstoff bringt Abhilfe. Vorbeugung: Einnahme eines kreislaufstimulierenden Mittels.

■ Rauch im Flugzeug ist längst nicht allen zuträglich. Das sich ständig vergrössernde Nichtraucherabteil zeugt davon.

■ Das einfachste Mittel gegen Taubheit bei der Landung ist das *Schneuzen der Nase.*

■ Über die entsprechenden Medikamente und ihre Anwendung berät Sie sachkundig der Arzt oder der Apotheker.

■ Patienten mit *hohem Blutdruck,* mit Blutarmut und alle Herzkranken müssen unbedingt vorab ihren Arzt konsultieren.

■ Patienten mit *Herzschrittmachern* dürfen fliegen, aber *nicht* die elektronische Kontrolle passieren.

■ *Schwangere Frauen* sollten im 6. und 7. Monat nur mit ärztlicher Einwilligung fliegen, und ab dem 8. Monat bis 2 Wochen nach der Geburt wird vom Fliegen ganz abgeraten.

■ Alte Menschen ertragen das Fliegen in der Regel ausgezeichnet.

■ Auf langen Flügen werden oft Filmvorführungen und Musikprogramme geboten. Trotz dieser Ablenkungen wird man mit der Zeit steif und katerig. Dagegen helfen gelegentliche *Spaziergänge* zur Toilette und *isometrische Übungen* (Spannen und Entspannen der Muskeln: kann im Sitzen ausgeführt werden).

■ Die Luft im Flugzeug ist meist trocken; es empfiehlt sich daher, *viel zu trinken* (Mineralwasser). *Kontaktlinsenträger* führen ihre Augentropfen mit.

Bahnreisen

Hier tritt die Reisekrankheit nur selten und fast ausschliesslich bei Kindern auf. Sorgen Sie für *genügend Ablenkung*, dann erübrigt sich in der Regel das Verabreichen von Medikamenten.

Schiffsreisen

■ Empfindliche Personen sollten noch *vor* dem Einschiffen und — bei stürmischer See — auch unterwegs Mittel einnehmen, um der *Seekrankheit* vorzubeugen.

■ Ist die Seekrankheit einmal ausgebrochen, nützen alle Tabletten nichts mehr; Erfolg versprechen einzig noch Medikamente in *Zäpfchenform*.

■ Bei längeren Seereisen (Kreuzfahrten) ist die *körperliche Aktivität* nicht zu vernachlässigen (viel und üppiges Essen verlangt auch entsprechend viel körperliche Betätigung!).

Autoreisen

■ Auf längeren Strecken mindestens alle zwei Stunden eine Pause einschalten und ab und zu eine leichte Zwischenverpflegung zu sich nehmen. Schwere Mahlzeiten unterwegs beeinträchtigen Konzentration und Aufmerksamkeit.

■ Einige gymnastische Übungen auf dem Rastplatz fördern die Durchblutung von Gehirn und Muskulatur. Und selbstverständlich: *Wer fährt, trinkt nicht!*

■ Mitfahrer — vor allem Kinder — leiden oft unter Langeweile, darum ist auch ihnen die Abwechslung auf dem Parkplatz zu gönnen.

■ Mitfahrer auf dem Rücksitz werden häufiger von der Reisekrankheit befallen. Hier hilft ein vorbeugend eingenommenes Medikament oder oft auch schon ein Platzabtausch.

■ Eine ausreichende Belüftung des Wagens sowie eine ruhige, ausgeglichene Fahrweise machen das Reisen angenehmer.

Was bei Krankheit zu tun ist

Die häufigsten Gesundheitsstörungen auf Reisen und in den Ferien sind:

Erkältungskrankheiten
- Beschwerden und Fieber durch geeignete Schmerzmittel lindern.
- Für Bettruhe und reichlich Tranksame sorgen
- Verschwindet das Fieber nicht innerhalb von drei Tagen oder nehmen die Beschwerden zu, ist der Arzt zu rufen.

Verdauungsbeschwerden
Durchfall (Diarrhöe) auf Reisen ist relativ häufig und kann verschiedene Ursachen haben:
- Aufregung, gespannte Erwartung
- Konsum von nicht „lupenreinem" Trinkwasser
- Genuss stark öliger oder fettiger Speisen oder von verdorbenen Lebensmitteln.

Es empfiehlt sich — besonders bei empfindlichem oder krankem Magen —, ungewohnte und schwer verdauliche Gerichte zu meiden und mit leichter, gemüsereicher Kost vorlieb zu nehmen (nur gekochte, keine rohen Gemüse!). Wenn trotz aller Vorsicht Durchfall eintritt:
- Durchfallmittel einnehmen.
- Während 24 Stunden nichts essen (Reis, Salzstengeli und Zwieback in leichteren Fällen erlaubt), sondern viel Schwarztee, Bouillon oder Mineralwasser trinken, um eine Entwässerung des Körpers zu vermeiden.
- In besonders unangenehmen Situationen (Flüge, lange Busfahrten usw.) helfen Medikamente, die den Darm stillegen (Beratung durch den Apotheker). Medizinalkohle bringt ebenfalls eine dämmende Wirkung.
- Gegen ärztliches Rezept erhältliche Antibiotika und andere Medikamente dieser Art sind selten erforderlich und sollten nur bei fieberhaften Erkrankungen und nur bei ärztlicher Anordnung eingesetzt werden. Vorgeschriebene Dosis genau einhalten!

Sollten Komplikationen auftreten wie z. B. blutiger oder lange andauernder Durchfall, ist ein Arzt aufzusuchen.
- Während der Rekonvaleszenz leichte Kost einnehmen (Reis- und Haferschleim, Zwieback, weichgekochte Eier usw., später Fisch, Geflügel).

■ Diarrhöe kann zu *Vitaminmangel* führen; deshalb gehört auch ein Multivitamin-Präparat in Ihre Apotheke.

Körperpflege ist Gesundheitspflege

Zur Erhaltung Ihrer Gesundheit und zum Schutz vor Krankheiten tragen Körperpflege und Bekleidung wesentlich bei. Tägliches Duschen und Kleiderwechsel sollte auch in den Ferien kein Luxus sein! Man fühlt sich nicht nur wohler, sondern ist vor Hauterkrankungen durch Pilze besser geschützt. Saugfähige Unterwäsche aus Naturfasern und zweckmässige, lockere Oberbekleidung sowie bequeme Schuhe und Baumwollsocken (häufig wechseln!) erhöhen das Wohlbefinden.

Sonnenbaden

Gibt es Schöneres, als nach den Ferien sonnengebräunt von den daheim gebliebenen Bleichgesichtern bewundert zu werden? Galt noch um die Jahrhundertwende ein heller Teint als besonders vornehm, ist nun sonnenbraun „in"! Das wirkt attraktiv und demonstriert Gesundheit. Wirklich? Für die Haut kann unvorsichtiges Sonnenbaden zur Strapaze werden, darum hier einige Tips, mit denen Sie optimal bräunen können:

■ Vor dem Sonnenbad *kein Parfum* verwenden. Es kann in Verbindung mit der Sonnenbestrahlung bleibende Pigmentflecken verursachen.

■ Keine *Haarsprays* gebrauchen. Sie machen die Haare struppig und trocknen sie aus — und ist es nicht toll, sich vom Ferienwind das Haar mal richtig zerzausen zu lassen?

■ Tragen Sie auf Augenlider und Lippen einen *Schutzstift* mit Sonnenschutzfaktor 10 auf.

■ Nie vor dem Sonnenbaden Enthaarungscrème benutzen. Sie reizt die Haut, und die Sonnenbestrahlung kann Entzündungen hervorrufen.

■ *Surfer und Wasserskifahrer* tragen wasserfesten Sonnen-Gel auf. Salzwasser wäscht bis zu 90% jedes anderen Sonnenschutzmittels ab. Deshalb nach jedem Bad im Meer neu eincremen.

■ Beim Sonnenbaden *mehr trinken als üblich* (wenn Rebensaft, dann unvergoren . . .), um den Feuchtigkeitsverlust der Haut auszugleichen.

■ *After-Sun-Präparate* wirken beruhigend auf die Haut und sorgen für die Wiederherstellung des Feuchtigkeitsgehalts.

Zeitverschiebung — die „Kehrseite" der Fliegerei

Bei Flügen über mehrere Zeitzonen hinweg braucht der Körper Zeit, um sich auf den neuen Rhythmus umzustellen. Reisende, die zu bestimmten Tageszeiten Medikamente einnehmen müssen, sollten ihren Arzt konsultieren, damit er ihnen für die Feriendauer einen Umstellungsplan aufsetzen kann. Dies gilt besonders für Zuckerkranke. Auch bei Patienten mit blutverdünnenden Mitteln (Antikoagulantien) ist eine entsprechende Vorbereitung nötig.

Mit vernünftiger, geruhsamer Lebensweise zu Ferienbeginn lässt sich der gewohnte Rhythmus in Tagesablauf und medikamentöser Therapie ohne Mühe wieder finden. Stürzen Sie sich deshalb nicht gleich kopfüber ins Ferienabenteuer: Planen Sie genügend Angewöhn-Zeit ein.

Wer die Antibabypille nimmt, sollte mit seinem Arzt die mögliche Einnahme eines Langzeitpräparates besprechen. Dies ist in den Ferien nicht nur angenehmer, sondern kann auch bei Reisekrankheit (Erbrechen!) ein ungewolltes „Souvenir" verhüten.

Medikamente

■ Alle Medikamente in der Originalverpackung und *mit* dem Medikamentenprospekt mitführen.

■ Die Arzneiform niemals verändern; also keine Kapseln zerschneiden oder Dragées halbieren, es sei denn, die Gebrauchsanweisung erlaube dies ausdrücklich.

■ Stets den vorgesehenen Anwendungsbereich beachten.

■ Ergänzen Sie Ihren Vorrat rechtzeitig für den Fall, dass sich die Rückreise verzögert. Im Ausland ist Ihr Medikament unter Umständen nur schwer oder überhaupt nicht erhältlich.

Die Reiseapotheke

Sie darf in keinem Reisegepäck fehlen; und wenn Sie selbst nicht danach greifen müssen, sind andere vielleicht froh, wenn Sie helfen können.

Der Inhalt der Apotheke richtet sich nach dem Ziel und der Dauer Ihrer Reise. Dieser Grundstock sollte nicht fehlen:

Verbandsmaterial und Desinfektionsmittel:
- ☐ Gazebinden 5 cm × 5 m und 7 cm × 5 m
- ☐ elastische Binde
- ☐ Verbandklammern
- ☐ Heftpflaster
- ☐ Schnellverband und Verbandpatronen
- ☐ Vindexkompressen
- ☐ Verbandwatte
- ☐ Desinfektionsmittel
- ☐ desinfizierender Wundpuder
- ☐ Pinzette
- ☐ Verbandschere
- ☐ Fieberthermometer
- ☐ Sicherheitsnadeln

Medikamente gegen:
- ☐ Reisekrankheit
- ☐ Magenbeschwerden, Blähungen
- ☐ Nahrungsmittelvergiftung und Durchfall
- ☐ Verstopfung
- ☐ Fieber, Kopfschmerzen
- ☐ Halsschmerzen
- ☐ Bindehautentzündung
- ☐ Ohrenentzündung
- ☐ Schnupfen
- ☐ Allergien und Heuschnupfen
- ☐ Hautpilze und Fussmykosen
- ☐ Insektenstiche und Juckreiz
- ☐ Sonnenbrand
- ☐ Schlaflosigkeit
- ☐ Schwäche, Erschöpfung, Höhenkrankheit
- ☐ Insektenstiche

Ihr Apotheker hilft Ihnen bei der Medikamentenwahl. Bereits vorhandene Notfall-Apotheken ergänzen und überprüfen (Verfalldaten).

Zur Erinnerung:
■ Erkundigen Sie sich über die klimatischen und kulinarischen Verhältnisse am Ferienort.
■ Gesundheitskontrolle beim Arzt.
■ Frühzeitige Zahnkontrolle.
■ Körpertraining vor strapaziösen Reisen.
■ Zweckmässige Garderobe.
■ Reiseapotheke zusammenstellen oder ergänzen. Vorsicht vor alten Medikamenten.

Kindermedizin

Bauchweh, Verstopfung, Durchfall

Störungen des Magen-Darm-Traktes sind in den südlichen Ländern sehr häufig und befallen Kinder rascher als Erwachsene. Vorbeugen und Behandeln wie weiter oben beschrieben. Geeignete Medikamente erhalten Sie beim Arzt oder beim Apotheker.

Erkältungskrankheiten

Fieberhafte Erkältungskrankheiten treten bei Klimawechseln, besonders in den Bergen, häufig auf. *Behandlung:* Bettruhe, genügend trinken (Tee, Fruchtsäfte), leichte Kost, Fieberzäpfchen; in geheizten Räumen Luftbefeuchter verwenden. Allmähliche Wiederaufnahme sportlicher Tätigkeiten erst nach völliger Entfieberung.

Dosierung von Medikamenten

Im allgemeinen verwenden wir für Kinder die gleichen Medikamente wie für Erwachsene, jedoch in geringeren Mengen. Als ungefähre Faustregel gilt:

Säuglinge:	1/5 – 1/4 der Erwachsenendosis
Kleinkinder:	1/3 – 1/2 der Erwachsenendosis
Schulkinder:	1/2 – 2/3 der Erwachsenendosis

■ Konsultieren Sie im Zweifelsfall immer den nächsten Arzt oder Apotheker.

Erste Hilfe

Aufgaben des Ersthelfers

Ruhig bleiben! — Überlegen! — Handeln!
Sofort lebensrettende Massnahmen durchführen / Bewusstlosen *nie* zu trinken geben (Erstickungsgefahr!) / Nach Erster Hilfe sofort Arzt alarmieren.

Beatmung

Verletzten auf den Rücken oder auf die Seite legen; Kopf schonend aber vollständig nach hinten biegen und Unter- gegen Oberkiefer drücken; rasch hintereinander 10 Atemstösse in die Nase einblasen; fortfahren mit 12 bis 15 Atemstössen pro Minute. Atmung (Brustkorb) des Verletzten beobachten.

Blutung

Schlagaderblutung (stossweise spritzendes, hellrotes Blut): Hochlagern des verletzten Gliedes — Fingerdruck oder Faustdruck (Oberschenkelschlagader!) gegen den Knochen, zwischen Wunde und Herz. — Straffer Druckverband auf die Wunde mit sterilem Verbandmaterial — evtl. darüber 2. Druckverband, wenn 1. Verband rasch blutig durchtränkt.

Umschnürung (handbreit herzwärts der Wunde, mit breiter elastischer Binde) *nur in Ausnahmefällen* und höchstens für 2 Stunden. Ein primäres Abbinden als erste Massnahme ist falsch und gefährlich!

Wundbehandlung

Niemals Wunden mit den Fingern berühren (ausgenommen lebensgefährliche Schlagaderblutungen). Niemals reinigen oder mit gebrauchtem Taschentuch verbinden. Nur keimfreie Verbandpäckchen oder Schnellverbände (notfalls frische, gebügelte Wäsche) verwenden. Falls nicht vorhanden, Wunde unberührt lassen bis der Arzt kommt.

Knochenbruch

Schon bei Verdacht auf einen Bruch: Ruhigstellung des Gliedes; unnötige Schmerzen durch Bewegung vermeiden (Schock- und Emboliegefahr!). Behelfsmässige Schienen aus Stöcken, Brettern, zusammengedrehten Kleidern usw. improvisieren.

Ohnmacht

Flache Rückenlage, Kopf tief (bei blassem Gesicht), Kopf hoch (bei gerötetem Gesicht), beengende Kleider öffnen, Haut abreiben (Kaltwasser, Alkohol). Nach Erwachen Ruhelage, starken Kaffee einflössen.

Brandwunden

■ Sofort in kaltes Wasser tauchen oder unter fliessendem kaltem Wasser abkühlen (Minimaldauer 30 Minuten). Diese Massnahme ist bei Verbrennungen sowohl 1. als auch 2. Grades durchzuführen.

■ Grosse Brandblasen dürfen vom Laien *nicht geöffnet* werden (Infektionsgefahr!); evtl. Deckverband mit sterilem Verbandstoff (Dreiecktuch).

■ Bei grösseren Verbrennungen in jedem Fall sofort einen Arzt konsultieren.

Starkstromverletzung

Zuerst Stromkreis unterbrechen! (Ausschalten, Sicherungen entfernen!) Ist dies nicht möglich, den Verunglückten mit trockenem Holz aus dem Stromkreis ziehen. Sich selbst auf trockenes Glas, Holz, Papier oder auf Porzellanteller stellen. Weiterbehandlung siehe unter *Blitzschlag.*

Verschüttete

Vorsicht beim Bergen (Verletzungen!). Mund und Nase reinigen (Schnee, Erde), künstliche Beatmung, Arzt holen.

Hitzschlag und Sonnenstich

Im Schatten flach lagern, Oberkörper erhöhen und entblössen. Kalte Ganzpackungen, künstliche Beatmung. Nach Wiederkehr des Bewusstseins viel zu trinken geben.

Erfrierungen

In kühlem Raum lagern, geschädigte Teile mit den Körpern der Helfer erwärmen (z. B. Füsse oder Hände unter die Achselhöhlen), *nicht massieren!* (Gewebeschädigung!). Bei Bewusstlosigkeit vorsichtige künstliche Beatmung (auch über Stunden).

Ertrinkende

Rasch handeln! Je nach Situation noch im Wasser mit künstlicher Beatmung beginnen. An Land gegebenenfalls Mund reinigen (Schlamm), Verunfallten übers Knie legen und Rücken beklopfen, Wasser aus den Atemwegen befördern. Dann Rückenlage, Kopf seitlich, künstliche Beatmung, Arzt holen.

Blitzschlag

Öffnen aller beengenden Kleider, Wiederbeleben mit künstlicher Beatmung an frischer Luft, Arzt holen.

Schlaganfall

Flach lagern, Oberkörper erhöht, beengende Kleider öffnen, für frische Luft sorgen, kalte Umschläge auf Herz und Kopf, sofort Arzt rufen.

Hundebiss

Glied oberhalb der Biss-Stelle abbinden, Alkohol, Merfen oder Desogen auf die Wunde, sofort Arzt holen (Tollwutgefahr).

Schlangenbiss

Den Gebissenen *hinlegen* und *beruhigen,* Glied oberhalb der Biss-Stelle abbinden (Gurt, Hemdärmel, Strumpf, Binde), Bisswunde *nicht aufschneiden oder aussaugen* und *niemals ausbrennen!* Kalte Umschläge, reichlich zu trinken geben. Kein Schmerz- und kein Betäubungsmittel, keinen Alkohol! Sofort Arzt holen, gegebenenfalls gegen Wundstarrkrampf impfen lassen.

Grossmutters Rezepte

Ist Ihre Reiseapotheke nicht in Griffweite, so helfen altbewährte Rezepte, die schon Grossmutter anwandte:

■ Bei *Kopfschmerzen* bestreue man zwei Zitronenscheiben mit Salz und binde sie mit einem Tuch auf beide Schläfen.

■ *Bei Brandstellen* von Quallen oder wenn *Seeigelstacheln* im Fuss stecken: Olivenöl aufstreichen, einbinden (alle paar Stunden wiederholen).

■ *Bei kleinen Verbrennungen* (Rötungen) Brandstelle sofort und wiederholt ablecken. Rasch aufgetragener Speichel kühlt und vermag Rötung oder gar Blasenbildung zu verhindern; das Benetzen muss aber unmittelbar nach der Verbrennung erfolgen.

■ *Bei Durchfall* 2 bis 3 Kaffeelöffel Backpulver in etwas Wasser aufgelöst trinken.

Tropen-Tips

In tropischen Gebieten ist der Tourist nicht nur vielen übertragbaren und parasitären Krankheiten, sondern auch gesundheitsgefährdenden klimatischen Verhältnissen ausgesetzt. Grosse Hitze, starke Besonnung und hoher Luftfeuchtigkeitsgehalt stehen dabei im Vordergrund.

Achtung Sonne!

„Sonne tanken" — ein populärer Ausdruck der Wärme-Suchenden, doch müssen immer wieder Unvorsichtige einen zu hohen Preis zahlen:

■ Der *Sonnenstich* ist auf direkte intensive Sonneneinstrahlung zurückzuführen. Eine leichte, breitrandige Kopfbedeckung (Stroh- oder Basthut) — auch bei verschleierter Sonne getragen — schützt ausreichend.

■ Viel häufiger ist der *Sonnenbrand,* der bei noch nicht angewöhnten Personen schon nach kurzem Sonnenbad auftreten kann. Stufenweises kurzes, dann verlängertes Sonnenbad und geeignete Sonnenschutzpräparate mit ausreichender Filterwirkung können dieses unliebsame „Erröten" verhindern.

■ Die grösste Gefahr im tropischen Klima bildet der *Hitzschlag.* Er ist die Folge einer Wärmestauung und äussert sich durch erhöhte Körpertemperatur, Kopfschmerzen, Schwindel und Krämpfe. — Jede Wärmestauung ist ernst zu nehmen; als *Erste Hilfe* drängt sich Abkühlung mit allen gerade zur Verfügung stehenden Mitteln auf (nasse Tücher, Wäschestücke usw.). Leichte, luftdurchlässige Kleidung, das Vermeiden körperlicher Anstrengungen und starker Besonnung verhüten einen Hitzschlag.

Ungewohnte Krankheiten

Viele in den Tropen vorkommende übertragbare und parasitäre Krankheiten sind bei uns unbekannt, das heisst sie breiten sich — auch wenn sie eingeschleppt werden — nicht aus. Bei Tropenreisenden zeigen sich am häufigsten Magen-Darm-Beschwerden (Erbrechen und Durchfall), gefolgt von Erkältungskrankheiten. Die eigentlichen Tropenkrankheiten treten selten und meistens erst nach der Rückkehr in Erscheinung.

Die Gefährdung ist von Kontinent zu Kontinent und von Region zu Region verschieden. Erkundigen Sie sich deshalb vor Ihrer Reise beim Tropenarzt, beim Impfarzt oder im Reisebüro nach den im geplanten Aufenthaltsgebiet vorherrschenden Tropenkrankheiten.

Reiseapotheke für die Tropen

Für Tropenaufenthalte sollte man die Reiseapotheke mit einigen Präparaten ergänzen, gegebenenfalls auch mit Antibiotika. Diese sind bei schweren fieberhaften Infektionen zu verwenden, wenn ärztliche Hilfe nicht innert nützlicher Frist zur Verfügung steht.

Gewisse Präparate sind *nur gegen Arztrezept* erhältlich – also frühzeitig besorgen!

Die wichtigsten Tropenkrankheiten

(in alphabetischer Reihenfolge)

Abdominaltyphus
Infektionskrankheit des Verdauungskanals.

Amöbenruhr
Durch einzellige Parasiten verursachte Darmkrankheit (Durchfall, schleimig-blutiger Stuhl), die gelegentlich zu Leberabszessen führt. Sie wird durch den Genuss verunreinigter Lebensmittel und Wasser übertragen.

Cholera
Eine milde Variante der Cholera mit der Bezeichnung „El Tor" tritt seit 1970 von Südostasien her, im Vorderen Orient, in Nord-, Ost- und Zentralafrika und vereinzelt auch in Südeuropa auf. Die Übertragung erfolgt durch unsauberes Trinkwasser, seltener durch Lebensmittel.

Fleckfieber

Das durch Läuse übertragene Fleckfieber kommt zur Zeit nur noch in wenigen Gebieten Afrikas (Burundi, Ruanda) vor.

Gelbfieber

Als tropische Krankheit ist Gelbfieber am meisten gefürchtet. Die Viruskrankheit wird durch Stechmücken von Mensch zu Mensch übertragen. Gelbfieber tritt nur in den Gebieten zwischen 15° nördlicher und 15° südlicher Breite in Afrika und in Amerika auf.

Malaria

Die Malaria — eine gefährliche Fieberkrankheit — ist die bei Rückkehrern am häufigsten beobachtete Tropenkrankheit. Der Erreger ist ein einzelliges Lebewesen (Plasmodium), das durch Stechmücken (Anopheles-Arten) auf den Menschen übertragen wird. Die verschiedenen Arten von Malaria sind im ganzen tropischen und subtropischen Gürtel Afrikas, Amerikas und Asiens verbreitet. Der vorbeugende Schutz durch regelmässige Einnahme eines Medikamentes *eine Woche vor, während und sechs Wochen nach dem Aufenthalt im Malariagebiet*, ist ein absolut dringendes Erfordernis.

Damit sind Sie weitgehend, aber nicht zu hundert Prozent geschützt. Darum: Setzen Sie sich möglichst wenig Mückenstichen aus. *Tragen* Sie langärmelige Kleider und lange Hosen. Verwenden Sie Moskitonetze in der Dämmerung und in der Nacht.

Über die geeigneten Malariamittel und ihre Anwendung informiert Sie Ihr Arzt.

Pest

Die Pest ist sehr selten geworden, aber noch nicht verschwunden. Sie tritt in Burma und Vietnam in Erscheinung. Bis vor kurzem wurde sie auch auf Madagaskar, in Uganda, Zaire, Tansania und in Südamerika beobachtet. Sie wird durch Flöhe von infizierten Nagetieren auf den Menschen übertragen.

Schlafkrankheit

Diese durch die Tsetse-Fliege übertragene Krankheit ist auf einige Gebiete Zentralafrikas beschränkt.

Parasitäre Krankheiten

Die folgenden Krankheiten sind für den Tropenreisenden von Bedeutung:

Bilharziose

Eine in Afrika und Asien vorkommende Wurmkrankheit, die man sich durch Baden und Waten in stehenden oder langsam fliessenden Gewässern zuziehen kann. Zwischenwirt ist eine Süsswasserschnecke. Die Parasiten befinden sich in den Venen, der Blase und dem Darm, wo sie schwere Entzündungen hervorrufen.

Filariosen

Durch Stechmücken übertragene Parasiten, die im Blut nachweisbar sind.

Hakenwurm

Von den Darmparasiten ist vor allen der in den Tropen häufig in Erscheinung tretende Hakenwurm zu erwähnen. Seine Larven können die intakte Haut durchdringen. Aufgelesen wird er hauptsächlich beim Barfussgehen.

Sandfloh

Wird ebenfalls beim Barfussgehen „mitgenommen". Er nistet sich unter den Zehennägeln ein und verursacht eitrige, schlecht heilende Wunden.

Einfache Vorbeugungsmassnahmen

Zur Verhütung von Darmerkrankungen, Amöbenruhr, Cholera, Typhus und Parasitenbefall sind folgende Regeln zu beachten:

- ■ Nur abgekochtes Wasser, mit kochendem Wasser zubereitete Getränke und gekochte Speisen konsumieren (in verschlossenen Flaschen angebotene Markengetränke sind ungefährlich).
- ■ Kein rohes Gemüse und keine Salate essen.
- ■ Nur schälbare Früchte geniessen (Orangen, Bananen usw.).
- ■ *Eis in jeder Form meiden,* sei es als Glacé oder als Würfel im Getränk.

116

Wieder zu Hause

Während sich die eher banalen Gesundheitsstörungen schon am Ferienort bemerkbar machen, pflegen die schwereren Tropenkrankheiten oft erst nach der Rückkehr aufzutreten. *Bei Erkrankungen — besonders bei fieberhaften Erkrankungen nach einem Tropen- oder Subtropenaufenthalt — soll der Arzt frühzeitig aufgesucht und auf den Auslandsaufenthalt aufmerksam gemacht werden!*

Am meisten gefürchtet ist in diesem Zusammenhang die *Malaria,* die anfänglich oft als Grippe gedeutet wird. Ferner sind die *Amöbenruhr* und *Abdominaltyphus* als relativ häufige Krankheiten bei Tropenrückkehrern zu nennen.

Die *Schweizerische Stiftung für Gesundheitserziehung* mit der ihr angegliederten Dokumentationsstelle beschäftigt sich landesweit mit dem gesamten Fachgebiet der Gesundheitserziehung, der primären Prophylaxe. Sie wendet sich an alle Bevölkerungsschichten sowie an die Behörden. Ihre Aufgaben umfassen im wesentlichen die Bereiche Dokumentation, Aufklärungsarbeit und Koordination.

Die medizinischen Informationen in diesem Buch wurden weitgehend dem „Medizinischen Reiseratgeber" der Stiftung entnommen (siehe S. 195).

Die gemeinnützige Stiftung erteilt jedermann gerne Auskünfte über ihre Tätigkeitsgebiete. Adresse: Nelkenstrasse 15, 8006 Zürich.

Schutzimpfungen

In all jenen Fällen, in denen keine anderen wirksamen Massnahmen zum Schutz vor Infektionskrankheiten in Frage kommen, drängen sich *Schutzimpfungen* auf. Diese schützen den Touristen vor gefährlichen Tropenkrankheiten und verhindern das Verschleppen einer epidemisch auftretenden Krankheit von einem Land ins andere. Für die optimale Wahl von Schutzimpfungen sind neben dem Reiseziel auch der Reisestil und die hygienischen Verhältnisse am Ferienort massgebend.

117

Gelbfieber

Gelbfieber ist eine in Schwarzafrika und im nördlichen Südamerika vorkommende gefährliche Infektionskrankheit; in Asien ist sie unbekannt.

Achtung: Die Gelbfieberimpfung ist in Endemiegebieten obligatorisch (Endemie: örtlich begrenztes Auftreten einer Infektionskrankheit). Sie ist empfohlen für Safari-Reisende in Ostafrika. Bei Aufenthalten ausschliesslich an der Küste ist sie nicht nötig. Impfschutz: 10 Jahre.

Cholera

Touristen werden nur selten von Cholera befallen. Gegen diese akute Durchfallerkrankung soll erst kurz vor der Abreise geimpft werden, da der Impfschutz nur 6 Monate anhält. Die Impfung ist eigentlich nur Entwicklungshelfern, die sich in Cholera-Endemiegebiete begeben, zu empfehlen.

Pocken

Seit mehreren Jahren sind weltweit keine Pockenfälle mehr bekannt geworden. Eine Impfung erübrigt sich.

Starrkrampf

Starrkrampf (Tetanus) kommt weltweit vor und kann die Folge von — auch geringfügigen! — Verletzungen sein. Die Tetanusimpfung ist jedermann dringend empfohlen. Drei Injektionen bieten einen Impfschutz für 10 Jahre. Nach dieser Frist ist eine Auffrischimpfung angebracht, ebenso nach Verletzungen, sofern die letzte Impfung mehr als 5 Jahre zurückliegt.

Kinderlähmung

Kinderlähmung (Poliomyelitis) kommt in der Schweiz dank der seit langem gebräuchlichen Schluckimpfung sehr selten vor. In den Tropen ist die Ansteckungsgefahr jedoch weiterhin recht gross. Liegt die letzte Impfung mehr als 5 Jahre zurück, ist eine Erneuerung der Schluckimpfung auch für Erwachsene empfohlen.

Gelbsucht

Die epidemische Gelbsucht (Hepatitis) kann überall, besonders aber in Entwicklungsländern vorkommen. Das Infektionsrisiko beträgt 1:1000. Meistens handelt es sich um die harmlosere *Hepatitis A,* von der mehrheitlich Personen betroffen sind, die sich unter schlechten hygienischen Bedingungen verpflegen. Eine Impfung gibt es noch nicht, doch schützt die Verabreichung von Immunglobulin (Antikörper) bis zu vier Monate. *Hepatitis B* wird durch Instrumente und Spritzen, durch Verletzungen und Intimkontakte übertragen. Die Impfung gegen Hepatitis B ist etwas kostspielig, schützt aber während rund 5 Jahren (3 Injektionen).

■ Immunglobulin, speziell solches mit hohem Gehalt an Hepatitis A-Antikörpern, ist empfehlenswert für alle jene Reisende, die sich unter ungünstigen hygienischen Verhältnissen verpflegen müssen, wie z. B. Tramper, Trekker usw. Die Impfung gegen Hepatitis B ist besonders exponierten Reisenden empfohlen.

Typhus

Diese Infektionskrankheit wird gewöhnlich durch verunreinigte Nahrungsmittel oder Trinkwasser verursacht, seltener durch Kontakte mit Kranken. Typhus ist in allen südlichen Ländern verbreitet und bei guter Behandlung kaum lebensgefährlich. Eine neuartige Schluckimpfung, deren Indikation peinlich genau eingehalten werden muss, garantiert eine Schutzdauer von über 3 Jahren. Diese Impfung ist Reisenden empfohlen, die sich unter schlechten hygienischen Verhältnissen verpflegen müssen.

Gegen *Paratyphus* ist zur Zeit kein Impfstoff im Handel. Die früher verwendeten Impfstoffe gegen Typhus und Paratyphus sollten nicht mehr verwendet werden.

Generelle Bemerkungen

■ Nach dem Wegfall der Pockenimpfung haben sich zeitliche Abstände zwischen den Impfungen als weitgehend überflüssig erwiesen. Die Touristen bedürfen dadurch meistens nur noch einer einzigen Konsultation. Über Ausnahmefälle gibt der impfende Arzt Auskunft.

■ Welche Impfungen Sie auch immer benötigen: Erkundigen Sie sich etwa 4 Wochen vor Abreise bei einem Impfinstitut über die nötigen Injektionen.

Nicht geimpft werden darf bei fieberhaften Erkrankungen.

Nur beschränkt geimpft werden darf bei:

■ Schwangerschaft
■ chronischen Leiden
■ Einnahme von Medikamenten
■ Allergien
■ Blutverdünnung

Fragen Sie in diesen Fällen Ihren Arzt.

Internationale Impfvorschriften

Für den internationalen Reiseverkehr ist nur der von der Weltgesundheitsorganisation (WHO) herausgegebene Impfausweis (gelbes Büchlein) gültig. Die Erlaubnis zur Einreise in ein Land kann gemäss internationalem Sanitätsreglement vom Besitz dieses Ausweises abhängig gemacht werden . Sie können ihn bei Ihrem Reisebüro oder an der Impfstelle beziehen.

Sämtliche Impfungen müssen vom Arzt eingetragen und abgestempelt sein.

■ Tragen Sie auf längeren Reisen eine *Fotokopie* Ihres Impfzeugnisses bei sich. Bei Verlust des Dokumentes können Sie trotzdem die erhaltenen Impfungen nachweisen.

Im internationalen Reiseverkehr können nur die Impfungen gegen *Gelbfieber und Cholera* vorgeschrieben werden. Andere Impfungen (z. B. gegen Abdominaltyphus) sind freiwillig, aber im eigenen Interesse empfehlenswert.

Impfvorschriften und die Ausbreitung von Krankheiten von Land zu Land können innerhalb kurzer Zeit wechseln. Lassen Sie sich deshalb durch ein Impfzentrum, Ihren Arzt oder das Reisebüro genau informieren.

Bei Aufenthalten in mehreren tropischen Ländern sind unter Umständen besondere, weitergehende Impfbestimmungen zu berücksichtigen.

Auskünfte über internationale Impfvorschriften und Schutzimpfungen bei Auslandreisenden erteilen unter anderem die Tropenärzte und die offiziellen Impfstellen.

Gegen Gelbfieber dürfen nur die offiziellen, international anerkannten Impfstellen impfen. Adressen siehe S. 195.

Giftige Tiere

Verletzungen durch Gifttiere sind in der Schweiz seltene medizinische Notfälle. Von 1931 bis 1982 sind in unserem Land 4 Todesfälle als Folge von Schlangenbissen bekannt geworden. Dies hat seinen Grund in der mässigen Giftigkeit unserer Vipern-Arten sowie in den zur Verfügung stehenden guten Behandlungsmöglichkeiten bei Bissen durch exotische Giftschlangen.

Grundsätzliche Verhaltensregeln:

■ Beine und Füsse stets durch gute Schuhe und lange Hosen schützen.

■ Beim Gehen fest auftreten.

■ Genau beobachten, wohin man tritt und greift.

■ Vorsicht beim Absitzen und Hingreifen an unübersichtlichen Stellen (Grasbüschel, Gestrüpp, Steinhaufen usw.) an Lagerplätzen; solche Stellen vorsichtig inspizieren.

■ Nicht direkt auf dem Boden schlafen.

■ Kleider und Schuhe nachts aufhängen und nicht am Boden deponieren (Schlangen, Spinnen und Skorpione suchen geeignete Verstecke). Am Morgen: vor dem Anziehen alles immer gut ausschütteln!

■ Wenn Sie giftige Tiere entdecken: Keine Angst haben! Die Tiere fliehen lassen (sie fürchten den Menschen mehr als wir sie).

■ Gifttiere — auch scheinbar tote — nicht berühren und auch nicht sonstwie reizen.

■ Kleinkinder besonders aufklären und nicht an unübersichtlichen Orten spielen lassen.

(Erste Hilfe siehe S. 109)

Unterwegs

Im Ferienland

Der erste Eindruck

Sie kennen es bestimmt, das prickelnde Gefühl bei der Ankunft im Ferienland — sei es beim Einlaufen des Schiffes im Hafen, beim Betreten der Flugzeugtreppe oder beim Passieren der Zollkontrolle. Sie sind nun in einem anderen Staat, in einem anderen Kulturkreis, unter Menschen mit einer Ihnen fremden oder wenig bekannten Mentalität und Lebensweise.

Da tauchen auch schon ganz leise die ersten Fragen auf: Wie werde ich mich zurechtfinden? Ist das Land so schön wie im Reiseprospekt beschrieben? Werde ich angenehme Ferien verbringen? — Nun, wenn Sie sich ausreichend auf Ihren Aufenthalt vorbereitet haben, brauchen Sie nicht zu bangen; nach wenigen Tagen Anlaufzeit sind Ihnen die neue Umgebung und ihre Bewohner vertraut und Sie können die Ferientage in vollen Zügen geniessen. Wichtig ist, einige Grundregeln zu kennen und diese auch zu befolgen:

Beobachten und annehmen

Einer der Hauptfehler, den Feriengäste begehen, ist, dass sie sich nicht dem Gastland und seinen Leuten anpassen. Da werden bedenkenlos die Massstäbe von zu Hause mitgenommen und im Ferienland jederzeit und überall angelegt: der Kellner im Restaurant muss Deutsch sprechen und verstehen, das Zimmer muss blitzblank sein, wie man es gewohnt ist, der Abholbus darf sich nicht verspäten, das Lokal soll Bier und der Kiosk Zeitungen aus der Heimat anbieten können usw. Diese Einstellung *muss* zu Ärger und Verdruss führen!

Machen Sie es darum besser: toleranter sein, wenn der Bus später eintrifft oder wenn statt „Côte de Nuit" nur offener Landwein zum Essen serviert werden kann; zur Abwechslung einmal „Ferien von der Zeitung" und „Ferien von der Uhr" machen. Lernen Sie beobachten und annehmen. Wer etwas Zeit investiert, um die Lebensweise der Einheimischen zu studieren, wird viel Wertvolles entdecken und für sich verwenden können.

Andere Länder, andere Sitten

Schon bei der Begrüssung werden Sie feststellen: Händeschütteln ist den Japanern peinlich, den Afrikanern dagegen ein Zeichen der Verbundenheit; Asiaten senken scheu den Blick, Inder legen die Hände aufeinander, und im Nahen Osten wird man umarmt.

Durch die richtige Vorbereitung werden Sie mit den landesüblichen Sitten vertraut und wissen sie entsprechend zu befolgen. Dies trägt ganz wesentlich zum besseren Ansehen der Besucher im Land bei. Also: Beispielsweise Schuhe ausziehen, wo dies die Sitte gebietet (etwa in Moscheen), schweigen an jenen Orten, wo die Einheimischen ruhig sind.

Besonders wichtig ist, dass Sie in Gegenwart von Einheimischen nicht in Ihrer eigenen Muttersprache über Land und Leute herziehen oder gar darüber lachen. Seien Sie so taktvoll, dass Ihre Gastgeber aus Ihrer Unterhaltung keine falschen Schlüsse ziehen können.

Wer im Ferienland mit Einheimischen ins Gespräch kommt, vermeide Themen wie Krieg, Politik usw., sondern halte sich eher an Populäres wie Familie, Sport, Essen, Feste usw.

Kaum ein Land, das Musik nicht mag, doch intoniere man „s Vogellysi isch vo Adelbode här" mit Vorteil nur daheim.

Kinder sind ein ausgezeichnetes „Medium", um erste Kontakte zu Einheimischen zu knüpfen.

Lächeln — nicht fluchen! — Wer flucht, gibt zu, dass er einer Situation nicht gewachsen ist. Lächeln hingegen zeigt, dass man sich selbst nicht so wichtig nimmt. Lächeln gibt dem Gegenüber die Chance zurückzulächeln; es schafft Kontakt über Sprach- und Kulturgrenzen hinweg.

Zeit haben! — Anderen Menschen kann man nur ohne Hast begegnen. Geduld erhöht die Freuden einer Reise. Gerade im Ferienland lohnt es sich, geduldig zu sein. Viele Völker haben einen anderen Zeitbegriff als wir; Zeit für ein Gespräch ist für sie keine verlorene Zeit. *Ein neues Verhältnis zur Zeit kann eines der wertvollsten Ergebnisse einer Reise sein!*

Nur wer sich wundert, lernt! — Eine Reise lohnt sich nur für jene, die ehrlich davon überzeugt sind, dass sie von anderen Menschen und anderen Kulturen etwas lernen können. Wir nehmen deshalb im Gastland nicht unsere Denkweise und unsere Kultur als Massstab, sondern versuchen, die oft jahrhundertealten Kulturen der Gastländer zu verstehen und zu bewundern. Überheblichkeit und Gönnerhaftigkeit der „erobernden" Touristen ist kein Zeichen von Kultur, sondern zeugt von mangelndem Takt. Besonders *religiöse Anschau-*

ungen und alles uns Unverständliche sollten gebührend respektiert werden. Hier sind unsere Gastgeber besonders verletzlich.

Kleider machen Leute! — Klar, dass wir in den Ferien Krawatte, Nadelstreifenanzug und Hochglanzschuhe gerne mit bequemen und zweckmässigen Kleidern austauschen. Schreiende Farben und gewagte Mode sind jedoch nicht zu empfehlen. Unauffällig angezogen, zeigen wir Respekt für die anderen Menschen und verletzen deren Gefühle nicht. Auch hochkarätiger Schmuck und profihafte Fotoausrüstungen — demonstrativ zur Schau getragen — erwecken bei der Bevölkerung eher Neid und Unmut als Sympathie.

Feilschen und Handeln

Schon im nahen Mittelmeerraum und erst recht im Orient ist es üblich, beim Einkaufen zu handeln. Dabei müssen es nicht unbedingt teure Dinge sein. Wenn Sie zu markten verstehen, können Sie für wenig Geld nette Geschenke und Andenken erstehen. Im Gegensatz zu unseren Breitengraden ist der angeschriebene Preis meistens „veränderlich" — man kann also noch über die Höhe des endgültigen Betrages reden. Es darf — es soll! — gefeilscht werden. Dieses Handeln kann nicht genau beschrieben werden. Es braucht einfach etwas Fingerspitzengefühl dazu, einen Schuss Theatralik und auch Spass an der Sache. In vielen Ländern ist das Preisgefüge durch den Tourismus aus dem Gleichgewicht gebracht worden, indem die angegebenen Preise akzeptiert und anstandslos bezahlt wurden. Oft rundete man den Betrag noch auf (die Waren sind hier ja sooo günstig!). Vornehmlich die Amerikaner waren es, die mit ihrem locker sitzenden Dollar das ursprüngliche Markten negativ beeinflussten. Wohl nahmen die Einheimischen das Geld an, doch blieben sie im Grunde unbefriedigt, da die „reichen Fremden" die Sitten des Handelns völlig übergingen. Dabei hätten diese Besucher die schönsten und lebendigsten Erlebnisse haben können!

Trotz allem: Erproben Sie auf Ihrer nächsten Reise getrost Ihr Können.

Nehmen Sie sich Zeit! — Kaufen Sie das schmucke Kännchen nicht gleich. Zeigen Sie weder Eile noch übermässiges Interesse. Kalkulieren Sie — je nach Wert und Bedeutung des von Ihnen gesichteten Objektes — unter Umständen mehrere Tage ein (ich weiss von einem Ehepaar, das in der marokkanischen Hauptstadt Rabat eine Woche lang täglich um einen prächtigen Vogelkäfig gefeilscht und ihn dann auch zu einem interessanten Preis gekauft hat). Wenn Sie mit dem Ladenbesitzer nicht beim ersten Mal einig werden, so gehen Sie ruhig am nächsten Tag nochmals vorbei und verhandeln wieder. Nehmen Sie sich Zeit!

Tee verpflichtet nicht! — Vielleicht bringt man Ihnen einen Stuhl und ein Tässchen Tee. Das bedeutet noch lange nicht, dass Sie nun zu einem Kauf verpflichtet sind. Vielmehr gehört diese Geste zu den orientalischen Gepflogenheiten und sollte nicht als „Einwicklungsmanöver" taxiert werden (mir flickte einmal ein türkischer Schneider meine zerrissene Hose. Anstatt zu zahlen, musste ich als Gast bleiben und erhielt Tee, Gebäck und Zigaretten angeboten!).

Nehmen Sie den Händler ernst! — Er wird Ihnen zu Beginn vielleicht einen stark übersetzten Preis angeben, den Sie — mit Recht — nicht zu zahlen bereit sind. Lachen Sie den Mann nicht aus und schimpfen Sie auch nicht. Denken Sie sich vielmehr aus, wieviel das Kännchen etwa wert sein könnte und nennen Sie nun Ihren Preis. Der muss natürlich etwas tiefer liegen, damit Sie noch Spielraum zum Aufrunden haben.

Vergleichen Sie mit anderen Angeboten! — Natürlich rühmt sich jeder Ladenbesitzer, das allerschönste und auch noch allergünstigste Kännchen anbieten zu können („special price for you, my friend!"). Lassen Sie sich nicht durch solche Schmeicheleien beirren, sondern vergleichen Sie mit den Offerten in anderen Läden. So werden Sie zu einem günstigen Preis zu Ihrem Kännchen kommen.

Lassen Sie sich nie zu einem Kauf drängen! — Und ist der Armreif oder die Lederjacke noch so hinreissend schön und einmalig: ein solcher Kauf will überlegt sein. Wirklich gute Händler sind geduldig, nur ungeschickte drängen Sie zum Kauf — „bevor es zu spät ist", wie manchmal argumentiert wird.

Wenn Sie sich nicht sicher fühlen, beobachten Sie auf dem Markt die Einheimischen. Auch ohne grosse Sprachkenntnisse werden Sie erleben, wie spannend und amüsant Feilschen sein kann — und danach tun Sie es den Leuten gleich!

Es mag Sie mit Genugtuung erfüllen, wenn Sie dadurch günstig einkaufen konnten; dagegen sollten Sie bei Bauern und Handwerkern, die ihre eigenen Produkte anbieten, bei der Bezahlung grosszügiger sein.

Trinkgelder und Almosen

Wieviel wem, wann, wo gezahlt wird, ist von Land zu Land verschieden. Zahlreiche in der Tourismusbranche tätige Leute werden mit Trinkgeldern bezahlt. Wir bringen sie um ihren Lohn, wenn wir ihnen nichts geben (Hotelpersonal, Gepäckträger).

In den umliegenden Ländern werden Trinkgelder ganz unterschiedlich bemessen und angewandt.

■ 10 Prozent erwarten Taxichauffeure beinahe überall auf der Welt. Erkundigen Sie sich sicherheitshalber in Ihrem Hotel oder beim Reiseleiter.

■ 15 Prozent gibt man in Hotels und Restaurants in den meisten europäischen Ferienländern. Oft ist das Trinkgeld bereits auf der Rechnung ausgewiesen.

■ Aufgerundet (nicht über 5 Prozent) wird: der Hotel- und Restaurationsbetrag in Skandinavien, der BRD, in Frankreich und Österreich, an vielen Tankstellen (für Scheibenreinigen usw.) auf Inklusivpreise in Italien.

Umgekehrt können − besonders in Drittweltländern − Trinkgelder in den Dörfern verderblich wirken: Sie erziehen Menschen zu Bettlern und zerstören die echte Gastfreundschaft. Da ist es oft ratsamer, einem Familienoberhaupt oder einem Dorfältesten öffentlich einen grösseren Geldbetrag als Geschenk zu übergeben. Wir bedenken beim Trinkgeldgeben auch, dass zum Beispiel ein US-Dollar einem Tagesverdienst eines Mannes gleichkommen kann − wir erleben hier den Zusammenprall der reichen und der armen Welt. Betteln und Almosengeben gehören im Islam zu den religiösen Pflichten; bei anderen Völkern ist das Betteln durch den Fremdenverkehr eingeführt worden. Am besten fährt man, wenn die Gaben in einem vernünftigen Verhältnis zu einem Tagesverdienst und zur erbrachten Leistung im besuchten Lande stehen. Seien Sie auch zurückhaltend gegenüber herzerweichenden Kinderaugen, damit nicht noch mehr Menschen zum Betteln erzogen werden.

Praktische Tips und Hinweise

Taxi

Bei Taxifahrten immer auf dem Einschalten des Taxameters bestehen. Ist keine solche Zähluhr vorhanden oder unternimmt man eine längere Tour, *vor der Fahrt* den Preis abmachen! Immer handeln, nicht gleich den − oft viel zu hoch − angesetzten Tarif annehmen! Wesentlich preiswerter sind Sammeltaxis, die gleichzeitig mehrere voneinander unabhängige Passagiere befördern (z. B. Dolmuş in der Türkei, Samlor in Thailand).

Essen

Halten Sie sich anfänglich an die „besseren" Restaurants mit Ihnen bekannter Kost, wenden Sie sich dann allmählich den kleineren und bescheideneren Esslokalen zu, die oft für wenig Geld vorzügliches Essen bieten (z. B. in Fernost).

Reiserhythmus

Von der schönsten und längsten Reise bleibt wenig, wenn man ohne Atem zu schöpfen ein riesiges Programm absolviert, an dessen einzelne Stationen man sich nur anhand der geknipsten Bilder zu erinnern vermag.

Darum: Halten Sie einen bestimmten Reiserhythmus ein; machen Sie nach einer Besichtigung, einer Veranstaltung oder nach einem längeren Gespräch eine Pause. Gewähren Sie sich eine bestimmte Zeit der Ruhe und des Nachdenkens — auch Reiseeindrücke wollen verdaut sein!

Rückruf aus den Ferien

Wer infolge Krankheit oder Todesfall in der Familie auf Ferienreisen im Ausland weilende Angehörige suchen muss, kann dies über die Alarmzentrale tun. Die Tag und Nacht besetzte Zentrale leitet die Rückrufaufträge umgehend an die Radiostudios im Inland und im entsprechenden Ferienland (Europa und gesamter Mittelmeerraum) weiter.

Alarmzentrale des Touring-Clubs der Schweiz (TCS)
Tel. 022 35 80 00
Telex 23 147 und 23 656

Die Dienste der Alarmzentrale stehen nicht nur den Daheimgebliebenen, sondern besonders im Zusammenhang mit dem internationalen Touring-Schutzbrief (S. 57) bei Unfall, schwerer Erkrankung usw., auch allen hilfesuchenden Touristen im Ausland zur Verfügung. Sie organisiert den Rücktransport mit Krankenwagen oder Sanitätsflugzeug, die Heimschaffung von Fahrzeugen samt Insassen sowie den Rücktransport nach Todesfall und übernimmt innerhalb gewisser Grenzen die Kosten.

Die Radiostationen fast aller Ferienländer geben vor und nach den Nachrichten — jedoch meistens nur in der Landessprache —

Radiorückrufe durch. Das Schweizer Radio sendet sowohl über Mittel- als auch über Kurzwelle Rückrufe aus:

■ Mittelwelle: Radio DRS: ca. 12.20 – 12.30/18.25 – 18.30
  Radio de la Suisse romande:
  ca. 12.25 – 12.30/18.25 – 18.30
  Radio della Svizzera Italiana: ca. 12.25/18.55
■ Schweizerischer Kurzwellendienst:
  Deutsch: 13.00/18.30
  Französisch: 13.30/21.00
  Italienisch: 12.30/15.15

Ausflüge selbst organisiert

Die Arrangements Ihres Reisebüros oder der lokalen Agentur haben Vor- und Nachteile:

Positiv ist, dass ein orts- und sprachkundiger Reiseleiter die Tour betreut. Die Exkursion beginnt meist gleich vor dem Hotel; sie ist auf die Bedürfnisse und Interessen der Teilnehmer ausgerichtet, die ausschliesslich Touristen sind. Der Pauschalpreis ist meist günstig, und fast immer handelt es sich um halb- oder ganztägige Ausflüge.

Nachteile: Die Gruppe ist oft zu gross — wer die Erklärungen des Leiters verstehen will, muss sich ständig an seine Fersen heften. Das Publikum ist sehr gemischt (vom gelangweilten Mitläufer bis zum verbissenen „Frögli"), was die Tour und den Leiter stark belasten kann. Der Zwang, einen vorgeschriebenen Zeitplan einzuhalten, verhindert ein längeres Verweilen an einem für Sie besonders interessanten Ort. Oft wird in relativ kurzer Zeit viel in ein Programm gepackt, was eine optimale Aufnahme der Eindrücke verunmöglicht. Lange Busfahrten zu bestimmten Besichtigungsorten wirken ermüdend, besonders wenn die Rückfahrt am gleichen Tag stattfindet. Anderseits kann die organisierte Tour auch eine gewisse Teilnahmslosigkeit auslösen: Man geht nicht selbst auf Entdeckung nach interessanten Dingen, sondern lässt sie vom Reiseleiter „an sich herantragen".

Warum nicht einmal selber einen Ausflug zusammenstellen? Informationen und hilfreiche Tips geben Ihnen gerne die örtlichen Reise- und Verkehrsbüros. Beginnen Sie mit kleineren, einfachen Touren, und bald werden Sie dank der gewonnenen Erfahrung und dem zunehmenden Selbstvertrauen auch grössere und längerdauernde Ausflüge planen. Je nach Ferienland mieten Sie ein Auto, Motor- oder Fahrrad, unternehmen Sie eine Wanderung oder Sie lassen sich von einem Motorschiff der Küste entlang oder um die Insel herum fahren.

Es gibt zahlreiche Möglichkeiten, auf eigene Faust Neuland zu entdecken — meist braucht es nur etwas Mut und Phantasie dazu! Nie ist der Kontakt mit der einheimischen Bevölkerung echter und spontaner, als wenn wir ihn persönlich suchen und dabei Sitten und Gebräuche des Gastlandes achten.

Städte-Besuche

Sie haben sich vorgenommen, eine Ihnen unbekannte Stadt zu entdecken; ihr Leben, ihre Museen und andere Sehenswürdigkeiten kennenzulernen, Konzerte und Theater zu besuchen, einzukaufen und anderes mehr. Hier einige Hinweise für ein ungetrübtes Erlebnis:

■ Achten Sie bei der Buchung des Arrangements auf die Leistungen: Wenn im Preis nur das Minimum eingeschlossen ist (Flug, Zimmer), müssen Sie für die weiteren Ausgaben wie Essen, Ausflüge, Versicherung usw. meist gleich nochmals den Reisepreis hinzurechnen.

■ Erkundigen Sie sich genau über das Programm der angebotenen Ausflüge, über Dauer, Inhalt, Distanz und Preis. Oft sind solche Touren im Vergleich zur erbrachten Leistung zu teuer.

■ Arrangierte Spezialitätenessen erweisen sich immer wieder als teuer bezahlte Massenabfertigungen. Das gleiche gilt für nächtliche Stadtrundfahrten mit Besuch von Nachtclubs, Spielcasinos, Variétés usw. Zum überbezahlten Essen (auch wenn mit Bauchtanz) kommen noch fette Weinpreise, die auf der besonderen, für die Touristen gedruckten Weinkarte stehen. Beachten Sie die an den Lokalen ausgehängten Speise- und Weinkarten oder erkundigen Sie sich bei Einheimischen.

■ Lassen Sie sich beim Buchen die Lage der Hotels auf dem Stadtplan zeigen. Mit einer Absteige im Zentrum (wo es nicht unbedingt lauter sein muss als in einem Vorort) sparen Sie viel Zeit. Das auf diese Weise gesparte Geld für Taxi und Bus können Sie anderweitig einsetzen.

■ Seien Sie bei Souvenirkäufen „en groupe" im gleichen Laden skeptisch. Hier kassiert der Reiseleiter zwischen 10 und 30 Prozent „Zubringerlohn". Falls Sie etwas kaufen wollen, sehen Sie sich — allein — in den entsprechenden Läden und Bazars um (Handeln siehe S. 127).

■ Bestehen Sie bei Programmänderungen auf der von Ihnen gewählten Hotelkategorie. Es geht nicht an, dass man Sie kurz vor Abreise (auf Ihre Kosten) in eine teurere Herberge versetzt.

■ Die Reisekosten mit günstigen Einkäufen zu kompensieren, gelingt nur Erfahrenen; „Greenhorns" müssen sich erst mit den Gegebenheiten vertraut machen.

■ Bei „Spezialausflügen" sind oft nur die Preise „besonders" (hoch). Die besuchten Firmen haben den Begrüssungstrunk und die Führung durch das Haus natürlich längst in ihren Touristen-Preisen einkalkuliert.

■ Vergleichen Sie die Angebote verschiedener Unternehmen für Grund- und Nebenleistungen.

Kulinarische Abenteuer

Die einheimische Küche bietet Ihnen gute Gelegenheiten, andere Völker und ihre Sitten kennenzulernen. Seien Sie auch hier ein wenig abenteuerfreudig. Sie nehmen damit nicht nur Einblick in die fremdländische Kultur und Mentalität, sondern helfen auch dem Gastland Devisen zu sparen, wenn Sie einheimische Produkte den importierten vorziehen. Die Essgewohnheiten und die Zubereitung der Speisen werden Ihnen hin und wieder kurios erscheinen. Sie erleben angenehme Überraschungen . . . und andere. Doch sollten Sie sich auf jeden Fall das Vergnügen gönnen, in fremden Kochtöpfen zu schnuppern; es muss ja nicht gleich das fliegenumschwärmte Lammspiesschen vom Garkoch des arabischen Souk sein. Einige grundlegende Regeln gilt es zu beachten:

■ Gewöhnen Sie Ihr „Innenleben" zuerst an das neue Klima, die *andersartigen Speisen*. Muten Sie Ihrem Magen nicht zu viel Exotik und zu grosse Mengen zu; kauen Sie die Speisen gründlich.

■ Decken Sie sich mit Proviant nicht gleich beim Strassenhändler an der Ecke ein, mögen seine belegten Brote, das grillierte Fleisch und die unbekannten Süssigkeiten noch so verlockend erscheinen. Gute Restaurants — es müssen keine Fünf-Sterne-Mekkas sein — mit sauberen Gedecken und Speisen sind für den Anfang empfehlenswerter; besonders sensible Mägen ziehen die Hotelküche vor. Hat man sich auf diese Weise an die lokale Kost gewöhnt, kann man das kulinarische Risiko allmählich steigern und die rustikale Taverne oder die gemütliche Hafenkneipe ausprobieren.

■ Gerade ältere Leute ertragen ungewohnte, neuartige Speisen oft schlecht. Eine leichte, obst- und gemüsereiche Kost ist in solchen Fällen schwerem, öl- und fetthaltigem Essen vorzuziehen.

■ In vielen Ländern zählen scharf gewürzte Speisen zu den Hochgenüssen. Seien Sie vorsichtig und versuchen Sie nur kleine Mengen, bis Sie sicher sind, dass Ihr Magen nicht rebelliert.

■ *Meeresbewohner* wie Fische, Muscheln, Krebse usw. sind für manchen Gourmet eine wahre Gaumenfreude. Aber gerade hier sind ein paar kritische Tests angebracht, soll die Freude des Gaumens auch zur Freude des Magens werden. Haben Sie Gelegenheit dazu, vergewissern Sie sich, dass der Fisch auf Ihrem Teller auch tatsächlich sein Reich erst vor kurzem verlassen hat: Riechen Sie am rohen Fisch. Bemerken Sie auch nur die geringste Spur von Fischgeruch, ist er schon zu lange aus dem Wasser. Die Schuppen sollen fest anliegen. Drücken Sie den Finger ins Fleisch: Es darf keine Vertiefung zurückbleiben. Schauen Sie dem Fisch in die Augen, ob er einen verräterisch trüben Blick hat.

■ *Trinkwasser* ist in der Regel nur dort einwandfrei, wo es filtriert, chloriert oder ozonisiert wird. Dies ist in den meisten europäischen Ländern und in Nordamerika der Fall; in Asien, Afrika, Südamerika, auch in Süd- und Südosteuropa hingegen oft nur in den Städten. Trauen Sie der Wasserqualität an Ihrem Ferienort nicht, halten Sie sich an die in verschlossenen Flaschen angebotenen Getränke (im Restaurant: Flaschen am Tisch öffnen lassen). *Kein unreines Wasser via Eiswürfel in den Drink schmuggeln!* Gekochte Getränke wie Tee und Kaffee sind unverdächtig. Grossen Durst löschen Tee und Mineralwasser viel besser und preiswerter als die mit viel Werbung und Kohlensäure angebotenen „internationalen" Getränke.

■ *Obst und Gemüse* wirken in fremden Ländern verführerisch, und man sollte sich eine exotische Neuentdeckung nicht entgehen lassen. Doch gerade hier ist Vorsicht am Platz: Nur die schälbaren Obstsorten sind wirklich ungefährlich (Orangen, Bananen, Ananas, Kokosnüsse, Passionsfrüchte). Rohgemüse streicht man für die Feriendauer von der Menu-Karte. In den Mittelmeerländern und in den Tropen wird noch häufig die „Kopfdüngung" mit Jauche angewandt, deshalb ist die Infektionsgefahr sehr gross. Ebenso häufig wie die Infektion ist die *Verwurmung*. Deshalb alle Gemüse nur in gekochten Gerichten geniessen.

■ *Süssigkeiten* sind ein Kapitel für sich! Besonders im Mittelmeerraum sehen diese Leckereien oft verlockend aus; die Auslagen des Zuckerbäckers im orientalischen Bazar umgibt geradezu ein Duft aus 1001 Nacht. Aber diese Backwaren sind oft mit für uns unvorstellbaren Mengen von Öl, Fett und Honig zubereitet und können unsere Verdauung überfordern. Auch hier: Probieren ja, aber nur mit einem kleinen „Versucherli" beginnen. Glace und Soft-Ice sind nicht keimfrei, und die kühle Schleckerei kann rasch Darmstörungen hervorrufen.

■ *Oberstes Gebot: Sauberkeit.* Etliche Krankheiten werden durch schmutzige Hände und verunreinigte Gegenstände von einer infizierten auf eine gesunde Person übertragen. Zu diesen Krankheiten gehören die Sommerdiarrhöe (siehe S. 103), aber auch die epidemische Gelbsucht (besonders in Mexiko, Thailand und Indonesien) und die Kinderlähmung.

136

Das Übertragungsrisiko kann durch die üblichen hygienischen Massnahmen wie Händewaschen und Sauberhalten von Gebrauchsgegenständen stark vermindert, aber nie ganz ausgeschlossen werden.

■ *Tips fürs Portemonnaie.* Buchen Sie kein Arrangement mit Vollpension. Sie können Budget und Magen schonen, wenn Sie im Hotel ein ausgiebiges Frühstück und ein reichhaltiges Abendessen geniessen. Über Mittag genügt ein leichter Imbiss. So sind Sie nicht ans Hotel gebunden und können essen was, wo und wann es Ihnen Spass macht.

... und im übrigen: „do as the Indians do", machen Sie es — mit den genannten Faustregeln — den Einheimischen nach. Essgewohnheiten und Art der Speisen kommen nicht von ungefähr, sondern sind den klimatischen und den Umwelt-Bedingungen des jeweiligen Landes angepasst. Ist die Küche in kälteren Regionen eher fett und schwer, kommt es daher, dass wir mehr Kalorien brauchen, um unsere Körpertemperatur zu erhalten. Die scharfgewürzten Gerichte heisser Zonen bringen uns zum Schwitzen; durch die Verdunstung an der Körperoberfläche wird Wärme entzogen. Das Salz ist in den Speisen der Saharanomaden unabkömmlich, hält doch der Salzgehalt die notwendige Feuchtigkeit im Körper zurück. Vergessen wir unseren traditionellen Rhythmus und passen uns den Landessitten an. Wenn in südlichen Ländern um die Mittagszeit das Leben in den Strassen verstummt, halten wir es mit den Einheimischen: Geniessen wir die *Siesta* und verbringen wir die heissesten Stunden des Tages behaglich im kühlen Patio.

Telefon

„Sag es schnell per Telefon . . . " diesem Slogan lässt sich im Ausland auch nachleben. Beachten Sie dabei folgendes:

■ Es gibt Länder, in denen der Telefonverkehr nicht voll automatisiert ist; die Verbindung ist gegebenenfalls vom Telefonamt herzustellen.

■ Wenn Sie über Selbstwahl in die Schweiz anrufen, lässt die Verbindung manchmal auf sich warten, weil die Zugangsleitungen besetzt sind und zudem die Durchschaltezeit länger ist als bei uns üblich. Es kann gut vorkommen, dass Sie über eine halbe Minute warten müssen. Wählen Sie darum die gewünschte Nummer langsam, warten Sie das Rufzeichen ab und hängen Sie erst ein, wenn das Besetzt-Zeichen ertönt.

■ Ihren Gesprächspartner in der Schweiz erreichen Sie durch Wählen der

internationalen Vorziffer, der

Landeskennzahl, der

nationalen Fernkennzahl (ohne Null) und der

Teilnehmernummer.

Eine Tabelle der internationalen Vorziffern für Anrufe nach der Schweiz finden Sie auf S. 207.

Regeln für Bergausflügler

Zahllose Menschen wurden auf einer Reise zu einem kleinen Abstecher in die Berge verleitet. Vielen von ihnen blieb ein erhabenes Erlebnis beschieden, vielen anderen aber böse Erinnerungen — die Gründe sind in den meisten Fällen ungenügende Ausrüstung, mangelnde Kondition, falsches Verhalten in unvorhergesehenen Situationen und fehlende Informationen. Immer wieder ist aus Zeitungsmeldungen zu vernehmen, dass — hauptsächlich ausländische — Berggäste sich in Situationen begaben, denen sie nicht gewachsen waren und die dafür mit dem Leben bezahlen mussten.

Die Ausrüstung

In den Bergen muss immer mit einem *Wetterwechsel* gerechnet werden (Gewitter, Nebel, Temperatursturz, Schneefall, starker Wind) — die richtige Ausrüstung trägt darum wesentlich zu einem beglückenden und schadenfreien Bergerlebnis bei. Folgende Artikel haben sich als zweckmässig erwiesen:
Stabile, gut eingelaufene Wanderschuhe mit Profilgummisohlen / Wollene Socken / Regenschutz / Pullover / Handschuhe / Warme Mütze / Leibwäsche zum Wechseln / Taschenapotheke und elastische Binde / Leichter Rucksack mit breiten Tragriemen / Tourenproviant (leicht, nahrhaft) mit „Notvorrat" an Dörrfrüchten und Traubenzucker / Kunststoffflasche mit Wasser oder Tee / Sonnenbrille, Sonnencreme / Taschenlampe.
Handtaschen, Regenschirme, Sportsäcke und grosse Sonnenhüte gehören nicht auf Bergpfade. Die Hände müssen zur eigenen Sicherheit immer frei sein, sei es, um sich an einem Fels festzuhalten oder auch nur um den Schweiss von der Stirne zu wischen.

So verhalten Sie sich richtig

■ *Vor der Tour* sich bei Einheimischen, Bergführern oder beim Kur- und Verkehrsverein über Wegverhältnisse und Wetterlage erkundigen; Wetterprognose anhören.

■ Gutes Kartenmaterial, dazu auch Kompass und Höhenmesser, sind für kundige Benützer wertvolle Orientierungshilfen − nicht nur bei schlechter oder fehlender Sicht (Nebel, Regen, Dämmerung).

■ Angaben über die Route und die ungefähre Dauer der Tour im Hotel oder bei Nachbarn hinterlassen (vermeidet aufwendige Suchaktionen bei Unfällen).

■ Besucher aus dem Tiefland sind meist nicht berggewohnt und können von der *Bergkrankheit* befallen werden (Angst- und Schwindelgefühle, Atemnot, Panikzustände). Planen Sie immer reichlich Zeit ein, um sich an die Höhe zu gewöhnen.

■ Das Wandertempo immer auf die konditionsschwächsten Teilnehmer ausrichten; Sicherheit und Freude am Erlebnis kommen vor Leistung und Ehrgeiz. Warten Sie in regelmässigen Zeitabständen auf die langsamsten Wanderer Ihrer Gruppe.

■ Markierte Wege nicht verlassen und verlockende „Abkürzungen" vermeiden.

■ Vorsicht auf nassen Grashalden: Abrutschgefahr!

■ Neben der Aussicht auch immer wieder das Wetter beobachten (Wolkenbildung, Wind) und bei Erschöpfung oder Schlechtwettereinbruch rechtzeitig Unterschlupf suchen oder umkehren.

■ Wer in den Bergen verunfallt, bringt oft auch seine Mitwanderer oder die Retter in Gefahr. Verkennen Sie deshalb trotz der Schönheit der Bergwelt nie deren Gefahren, besonders beim Blumenpflücken und beim Fotografieren in steilem Gelände.

■ Automobilisten führen bei Bergfahrten immer Bergschuhe und Windjacke im Kofferraum mit, auch wenn keine Wanderung geplant ist. Lieber auf einen „Abstecher" verzichten, wenn diese minimale Ausrüstung fehlt.

Mit Kindern in den Bergen

Kinder haben (noch) nicht das gleiche Verständnis und dieselbe Freude an Bergwanderungen wie Erwachsene. Für die Kleinsten bedeutet die Wanderung oft eine Strapaze, die Sie ihnen nicht zumuten sollten, Kinder zwischen sechs und zehn Jahren sollten nicht länger als ein bis zwei Stunden bergwandern, zehn- bis dreizehnjährige gesamthaft nicht mehr als drei Stunden. Auf gefährlichen Wegstücken sind Kinder an einem fünf Meter langen Seil zu führen. Die Leine ist je nach Situation kürzer oder länger zu halten.

Führen Sie für Kinder stets genügend Tranksame mit sich. Eine Kopfbedeckung, Sonnenschutzmittel, Wundpflaster dürfen nie fehlen. Biskuits, Trockenfrüchte sind als „Trösterli" zu empfehlen.

Wenn Sie Ihre Kinder für die Bergwelt begeistern wollen, dürfen sie nicht überfordert werden. Das Verständnis für das Landschaftserlebnis und die Begeisterung für die Bergeinsamkeit stellt sich in der Regel erst bei Jugendlichen ab fünfzehn Jahren ein. Ebenso ist die Bereitschaft für Klettertouren frühestens ab diesem Alter zu erwarten.

Regeln für Hochgebirgstouristen

Viele Bergunfälle geschehen, weil Ausrüstung, Kondition, Vorbereitung ungenügend sind und die eigenen Fähigkeiten überschätzt werden. Bereiten Sie darum jede Tour sorgfältig vor und überlassen Sie nichts dem Zufall.

■ Ausrüstung überprüfen, Route und allenfalls Ersatzroute festlegen, Zeitreserven einplanen.

■ Passen Sie den Schwierigkeitsgrad der Tour stets dem Schwächsten in der Seilschaft an. Nur Alpinisten mit guter körperlicher Kondition und einer gewissen seelischen Ausgeglichenheit sollten eine Bergtour unternehmen. Suchen Sie die Grenzen Ihrer Leistungsfähigkeit zu ergründen und richtig einzuschätzen.

■ Bei unsicherer Wetterlage muss auf die geplante Tour verzichtet werden. Hören Sie auf den Rat der Einheimischen. Pullover und Regenschutz dürfen in der Ausrüstung niemals fehlen. Unterkühlung durch Wind und Regen kann lebensgefährlich sein.

■ Viele Kletterunfälle ereignen sich vor oder nach schwierigen Passagen. Auch scheinbar harmloses Gelände erfordert volle Konzentration (Grashalden!). Tragen Sie bei der geringsten Steinschlaggefahr unbedingt einen Kletterhelm.

■ Bei Unfällen: Betroffene sofort sichern und bequem lagern. Wunden oder Brüche behandeln (Erste Hilfe siehe S. 109). Lassen Sie Verletzte nur im äussersten Notfall allein und sichern Sie die Verunfallten gegen Witterungseinflüsse und Unterkühlung und versorgen Sie sie mit ausreichendem Proviant. Unfallstelle markieren. Rettungshelikopter durch schräges Hochhalten der Arme (Körper und Arme bilden zusammen ein Y) auf die Notfallsituation aufmerksam machen.

■ Meiden Sie „Modetouren", auf denen sich Bergsteiger gegenseitig gefährden (vor allem an Wochenenden). Teilen Sie Ihre Kraft und Ausdauer immer so ein, dass der rasche und sichere Abstieg gewährleistet bleibt.

■ Lieber hundertmal zuviel am Seil gehen als auch nur einmal zuwenig! Dies gilt besonders bei Gletschertraversierungen (immer mit gestrecktem Seil!) und bei der Gipfelrast. Meiden Sie Wächtengrate (Abbruchgefahr). Die richtige Spur verläuft oft einige Meter unterhalb des ausgetretenen Weges.

■ Immer ist zu erwägen, von welchem Punkt der Tour eine Umkehr noch möglich ist. Unternehmen Sie Touren nie allein. Auch scheinbar harmlose Touren haben ihre Tücken, die fatale Folgen haben können, wenn niemand dabei ist, der Hilfe leisten oder herbeiholen kann.

Alpines Notsignal

6 Pfiffe oder Blinkzeichen innerhalb von 60 Sekunden. Nach einer Pause von jeweils 60 Sekunden wiederholen.

Einmaleins des Badens

Ob Sie in ein einheimisches oder exotisches Gewässer tauchen — in beiden Fällen sind eine Handvoll bewährter Baderegeln zu beachten:

■ Nach jeder Hauptmahlzeit konsequent 2 Stunden mit Baden warten.

■ Vor dem Baden duschen oder den Körper im Wasser langsam abkühlen.

■ Nichtschwimmer halten sich strikte an das Lernschwimmbecken — in Seen, Flüssen und am Meer nur an Stellen mit eindeutig flachem Strand.

■ Auch gute Schwimmer müssen die Grenzen ihrer Leistungsfähigkeit kennen. Vorsicht ist bei unbekannten Gewässern geboten.

■ Luftgefüllte „Schwimmhilfen" (Gummitiere, Luftmatratzen, Autoreifen usw.) sind trügerisch, weil die Luft jederzeit entweichen kann. Nichtschwimmer haben mit solchen Hilfsmitteln in seichtem Wasser zu bleiben.

■ Bei Picknicks in der Nähe von Tümpeln, Weihern, Flussufern usw. sind Kleinkinder intensiv zu beaufsichtigen.

■ In tropischen Gewässern ist besondere Vorsicht geboten. Baden Sie nur an gesicherten Plätzen.

Ferien und Fotografie

Kaum jemand, der sich ohne Foto- oder Filmkamera auf die Reise begibt. Einerseits wollen wir hübsche Erinnerungsbilder nach Hause bringen, anderseits möchten wir aber auch bewundert werden, sei es nun wegen unserem exotischen Reiseziel oder unserer Fotokünste wegen. Wenn Sie Ihrem „schwarzen Kasten" unterwegs vertrauen wollen, ist es notwendig, dass Sie alle Apparaturen, aber auch sich selbst, entsprechend vorbereiten.

Wenn Sie schon eine Kamera besitzen, kontrollieren Sie, ob nicht noch ein angefangener Film eingelegt ist. Ersetzen Sie die Batterien von Belichtungsmesser, Blitzgerät und Motorwinder und lassen Sie gegebenenfalls die Kamera frühzeitig revidieren − dies kommt billiger zu stehen als eine Reparatur unterwegs. Nach längeren, strapaziösen Reisen ist zudem eine Reinigung zu empfehlen.

Wenn Sie Ihre Kamera kurz vor der Reise erstehen, müssen Sie unbedingt lernen, mit ihr richtig umzugehen. Üben Sie die verschiedenen Griffe mit einem Probefilm ein. Machen Sie Ihre ersten Fotoproben noch zu Hause unter verschiedensten Lichtverhältnissen. Notieren Sie ferner unbedingt die Fabrikationsnummern von Gehäuse und Objektiv. Bei Verlust sind sie der Versicherung anzugeben.

Wichtige Angaben

Adresse und Telefon meines Fotohändlers:

	Fabrik-Nr.:	Kaufdatum:
Kameragehäuse:		
Normalobjektiv:		
Teleobjektiv:		
Zoomobjektiv:		
Weitwinkelobjektiv:		

Bei Verlust der Versicherung angeben!

Fotografieren — eine doppelte Kunst

Fotografieren von Personen bedeutet — besonders in exotischen Ländern — ein Eindringen in die persönliche Sphäre. Arme und Kranke empfinden dies als besonders peinlich. Wir dürfen diese Menschen nicht überrumpeln. Oft möchten sie sich vor einer Verewigung noch etwas herrichten, ein Wunsch, den wir respektieren müssen. Lieber auf diese fragwürdigen Schnappschüsse verzichten, als Menschen in ihrer Würde verletzen. In islamischen Ländern sind auch die religiösen Bestimmungen zu berücksichtigen, die eine Abbildung des menschlichen Antlitzes verbieten.

An vielen Orten — etwa in Afrika — herrscht noch der Glaube, man verliere durch das Fotografiertwerden einen Teil seiner Seele. Der Fotograf „besitzt" dann den Fotografierten und kann über den Willenlosen frei verfügen. Dies erklärt die Scheu vor der Kamera.

In welcher Situation auch immer — wir sollten wenn möglich die Leute *zuerst fragen*, ob sie überhaupt einverstanden sind. Auch wir wären wenig begeistert, von fotofanatischen Touristen einfach „überfallen" und abgelichtet zu werden. Manchmal entpuppen sich Einheimische aber als Fotofans und posieren mit sichtlichem Vergnügen. Ein Bild aus Europa zu erhalten ist für unsere fremdländischen Fotomodelle eine tolle Sache; machen wir Ihnen doch diese Freude.

■ Je einfacher die Ausrüstung desto unkomplizierter ist ihr Gebrauch. Man ist auf diese Weise viel flexibler und kann sich unauffälliger bewegen. Kamera- und objektivbehangenen Touristen wird oft mit Argwohn begegnet, was ein unaufdringliches Fotografieren verunmöglicht.

■ Die Fotografie ist eine *Schule des Sehens*. Wir müssen lernen, auf Einzelheiten zu achten, die Bilder aufzubauen, den richtigen Moment abzuwarten. Wahllos seine Umwelt abzuknipsen, um dann zu Hause „alles in Ruhe anzusehen" bringt wenig; wir verspüren kein „Reiseerlebnis" und erzielen keine guten Aufnahmen. Und schliesslich wollen wir ja mehr als nur pfundweise im Vorüberhasten geschossene Bilder ohne Aussagekraft.

■ Soziale Not und Missstände im Ferienland als Kuriosum auf die Mattscheibe zu bannen, zeugt nicht von unseren Fotokünsten, sondern von unserem Unverständnis gegenüber fremden Menschen.

Das Filmmaterial

Welche Filmmarke sollten Sie wählen? Natürlich die beste, aber leider gibt es diese „beste" nicht. Sie werden kaum darum herumkommen, durch eigenhändiges Erproben den für Sie und die bevorstehende Reise geeignetsten Film herauszufinden. Eigene Erfahrung ist überzeugender als fremde Ratschläge. Ob Sie nun den X- oder Y-Color zu „Ihrem" Film erkoren haben:

■ Filme daheim einkaufen! Unterwegs ist das Filmmaterial meist teurer und manchmal nicht sachgemäss gelagert.

■ Genügend Filme mitnehmen! Lieber drei unbelichtete wieder nach Hause bringen als einen − wichtigen − Film zu wenig im Gepäck haben. Wenn Sie eine Tiefkühltruhe besitzen, können Sie Ihre Filme darin weit über das Verfalldatum hinaus aufbewahren.

■ Um Platz zu sparen, werfen Sie die Verpackungen weg und bekleben jede Filmdose mit einer Etikette. Ist unterwegs der Film belichtet, stecken Sie ihn in die Dose zurück und versehen die Etikette mit einem entsprechenden Zeichen.

■ Filmmaterial vor *Feuchtigkeit* schützen. Bei längeren Tropenreisen Filme in luftdichten Beuteln mit Silica-Gel aufbewahren (im Fotogeschäft erhältlich).

■ Bei langen Auslandsaufenthalten belichtete Filme in ein Entwicklungslabor am Ort geben oder nach Hause senden.

■ Verwenden Sie im ganzen Tropengebiet Ultraviolettfilter und setzen Sie stets „Skylight"-Filter auf; ein Kratzer im Filterglas bereitet weniger Kummer als einer im kostspieligen Objektiv.

■ Filmdosen in Plastikbeutel stecken und am Zoll separat vorweisen; *nie im Handgepäck durch die Röntgenkontrolle in den Flughäfen lassen!*

So gelingen Ihnen bessere Fotos

■ Nehmen Sie sich Zeit, um besser zu fotografieren, das Bild aufzubauen, Vorder-, Mittel- und Hintergrund zu beachten, den Horizont über oder unter die Bildmitte zu nehmen.

■ Machen Sie mehrere Aufnahmen vom gleichen Objekt mit verschiedenen Blendeneinstellungen, wenn die Lichtverhältnisse kritisch sind oder die Szene sich rasch verändert (Dämmerung, Markttreiben usw.).

■ Wählen Sie zuweilen auch ungewohnte Blickwinkel − aus der Hocke, auf dem Bauch, von einem Dach herab usw. −, versuchen Sie damit, nicht alles so zu fotografieren, wie es schon viele vor Ihnen getan haben.

■ Fotografieren Sie nicht aus Verstecken, aber doch unauffällig (ist schwieriger, aber besser). Teleobjektive sind nicht dazu da, Menschen „aus dem Hinterhalt" zu fotografieren. Setzen Sie Ihr Teleobjektiv deshalb nur sparsam ein. Gehen Sie an das Motiv heran und wählen Sie auch Ausschnitte davon, pressen Sie nicht soviel wie möglich in das Bild.

■ Zeigen Sie auch Verständnis für die einfachen Dinge; nicht jedes Foto-Objekt kann umwerfend sensationell sein. Wer sich für das fremde Land und seine Bewohner wirklich interessiert (und sich auch damit auseinandersetzt), kommt viel eher zu guten Aufnahmen. Schliesslich suchen wir ja den Kontakt mit fremden Menschen im Sinne der Völkerverständigung. Wem an einer Aufnahme eines Handwerkers, eines Bauern, einer Marktfrau etwas liegt, darf die Zeit für ein Gespräch nicht scheuen.

■ Es empfiehlt sich, am ersten Tag im Ferienort die Kamera im Hotel oder zumindest in der Tasche zu lassen und nur mit den Augen zu „fotografieren". Die Einheimischen sollen sich an unsere Anwesenheit gewöhnen können; dies gilt besonders für touristisch weniger besuchte Gebiete.

■ Ihre Filme können kaum verloren gehen, wenn Sie jeweils mit dem ersten Bild Ihre Heimadresse auf der Kofferetikette oder jene im Innendeckel fotografieren oder filmen.

Ferien in Entwicklungsländern

> *„Unser Land ist gezwungen, Klimahotels und Luxusinseln zu bauen, damit Touristen Devisen ins Land bringen. In meiner Vorstellung von Entwicklungspolitik haben die durchreisenden Amerikaner und Deutschen zunächst keinen Platz. Zur Völkerverständigung tragen sie wenig bei, eher zum Gegenteil, denn die Armut ist ihnen nur exotische Kulisse. Auf der anderen Seite wecken sie in unserer Bevölkerung durch ihr Auftreten Konsumwünsche, für die wir im Moment kein Geld haben."*
>
> I. G. Patel, Staatssekretär im Indischen Finanzministerium
>
> *„Solange wir über die Tiere Afrikas mehr wissen als über seine Menschen, wird es uns kaum gelingen, unseren Beitrag für die Zukunft dieser Menschen zu leisten."*
>
> Willi Brandt, ehemaliger deutscher Bundeskanzler

Devisen — Arbeitsplätze — Völkerverständigung

„Der Tourismus bringt den wenig entwickelten Ländern die dringend benötigten Devisen!" — „Der Tourismus schafft Arbeitsplätze!" — „Der Tourismus leistet einen Beitrag zur internationalen Völkerverständigung!" So lauten die Argumente der Tourismus-Förderung. In letzter Zeit geraten sie zunehmend ins Schussfeld der Kritik. Nehmen wir diese Argumente einmal unter die Lupe:

In finanzieller Hinsicht bringt der Tourismus den Drittweltländern wenig. Wohl fliessen Devisen in das Land; um jedoch den fremden Besucher zufriedenzustellen, ihm die Annehmlichkeiten seiner gewohnten Umgebung zu bieten, fliessen die Einnahmen für den Kauf von Importgütern wieder ins Ausland zurück. Zudem müssen aus den Devisen auch die Ausgaben für den Bau von Hotels, Flugplätzen und Strassen bestritten werden, um die Ansprüche der ausländischen Touristen befriedigen zu können. Per saldo bleibt für das Wohl der einheimischen Bevölkerung — ausser einigen konjunkturanfälligen Arbeitsplätzen — herzlich wenig übrig.

Bei der Buchung von Pauschalarrangements bleibt unser Feriengeld in den Händen eines Tourismus-Konzerns (Reisebüro, Fluggesellschaft, Hotelkette usw.); der kleinste Teil davon findet den Weg ins fremde Land.

Vielleicht gehören wir zur kleinen Minderheit der Touristen, die tatsächlich den Kontakt mit der Bevölkerung sucht. Doch mit gutem Willen allein ist hier nichts auszurichten; der Unterschied zwischen Wohlstandshabitus und Habenichts ist zu augenfällig. Wir müssen etwas ändern in unserer Einstellung, unserer Verhaltensweise gegenüber den fremden Menschen.

Bis 1960 war der Tourismus in der Dritten Welt nahezu bedeutungslos; seither nimmt die Besucherzahl jährlich um etwa 12% zu. Während 1962 noch knapp 6 Mio. Menschen in die Dritte Welt reisten, waren es 1983 bereits gegen 40 Mio.

Für viele von uns sind Ferienländer wie Italien und Spanien „out", Griechenland und die Türkei hat man ja auch schon „gemacht", Teneriffa und Mallorca können ebenfalls von der Liste gestrichen werden, da war man schon dreimal. — Nun also auf zu neuen Zielen! Wohin aber? Nach Kenia? Thailand? Peru? Oder gar nach Neuguinea, da gab's doch kürzlich eine sensationelle Reportage darüber . . . ?

Unermüdlich lockt der Blätterwald der Prospekte mit bunten Bildern und schwärmerischen Texten die Reiselustigen in die entferntesten Winkel unserer Erde. Mit etwas „Kleingeld" können wir uns dank dem riesigen Dienstleistungsangebot der perfekt organisierten Tourismusindustrie die ausgefallensten und absonderlichsten Reisewünsche zu meist erschwinglichen Preisen erfüllen.

Doch auf der krampfhaften Suche nach dem tollsten Reiseziel, machen wir uns kaum Gedanken darüber, welche Auswirkungen der Tourismus auf das besuchte Land und seine Bevölkerung hat.

Der Tourist

Es gibt verschiedene Gründe, die Europäer veranlassen, in ein Land der Dritten Welt zu reisen. Oft wollen sie aus dem Alltagstrott ausbrechen, Freiheit geniessen (ein recht vager Begriff!), Abwechslung geboten haben und konsumieren, was der Reiseprospekt verheissungsvoll versprach. Oder einmal „König" sein und richtig „auf die Pauke hauen", aber auch Land und Leute kennenlernen, Kon-

149

takte schaffen und in die Geschichte, Kultur und Probleme eines Landes Einsicht nehmen und sie verstehen lernen oder Sehenswürdigkeiten besuchen und echtes Volksgut aus nächster Nähe erleben.

Selbst wenn ein Tourist Interesse an dem besuchten Land zeigt, bemüht er sich wirklich darum? Betrachten wir seine Argumente einmal etwas genauer:

Und zur Abwechslung . . . bitte wieder das Gewohnte

Herr Tell hat Tausende von Flugkilometern bis Tananarivo, der Hauptstadt von Madagaskar, zurückgelegt. Er hat dafür grossmütig sein Sparschwein geopfert, und ist nun hier − am Wendekreis des Steinbocks − auf der verzweifelten Suche nach einem Beizli, wo „Röschti und Gschnätzlets" angeboten werden. Zum Lachen? Nein, beschämende Wirklichkeit: Viele Touristen nehmen die ungewohnte Umgebung ihres Ferienlandes nur in Kauf, wenn sie den zu Hause üblichen Lebensstil weiter pflegen können, wenn möglich noch in verbesserter Version. Wen es nach den einheimischen Spezialitäten nicht gelüstet, der kann sich an den meisten Touristenorten seine geliebten Cheese- und Hamburgers beschaffen, natürlich mit Pommes frites und Tomatensauce. Auch seine sprudelnden Lieblingsgetränke braucht er nicht zu missen, alles ist vorhanden, alles Importware, versteht sich. Vom devisenschwachen Ferienland aus dem Hartwährungsland eingeführt. Der ausländische Besucher ist zufrieden; er hat seine Wünsche erfüllt bekommen, die (Ferien-) Welt ist für ihn in Ordnung.

Diese Verhaltensweise hat negative Folgen für das Ferienland; die einheimische Küche, die auf den nationalen Agrarprodukten basiert, wird verdrängt, ein bedeutender Wesenszug des Landes verschwindet.

Wieviel amüsanter ist es doch, die regionale Gastronomie zu erleben, die typischen Getränke des Landes kennenzulernen. Auf diese Weise ist uns nicht nur körperlich wohler, denn die einheimische Küche ist den klimatischen und den Umweltbedingungen angepasst, wir schonen auch unseren Geldbeutel. Und: Wir verhalten uns humaner gegenüber der Bevölkerung, der wir nun direkt einen Verdienst geben, statt dass wir ihre kargen Devisen zu beanspruchen.

Arm heisst nicht billig

Sonja H. beklagte sich in einer langen Liste über Mängel in einem Hotel auf den Seychellen, einer Inselgruppe vor Ostafrika: Schlechte Bauqualität des Hotels, Getränke, Hotelbus und Ausflüge viel zu teuer, Service beim Essen und in den Zimmern miserabel, ungenügende Sportmöglichkeiten, keine Badetücher am Swimming Pool, Liegestühle nur gegen Gebühr. Die Touristin vergass, dass in Drittweltländern nicht derselbe Massstab anzulegen ist wie in Mitteleuropa und dass diese Länder praktisch alles importieren müssen, auf was die Touristen so enormen Wert legen. Auch arme Länder haben ein Recht, angemessene Preise zu verlangen.

Völkerverständigung

Das Argument der brüderlichen Völkerverständigung wird gerne ins Feld beziehungsweise Drittweltland geführt. Leider ist es aber meistens unmöglich, eine solche Verständigung herbeizuführen, bestehen doch in vielen Fällen *Vorurteile und Fehlinformationen auf beiden Seiten,* oder es fehlen ganz einfach die *Sprachkenntnisse.* Wohl sprechen die im Tourismus beschäftigten Einheimischen etwas deutsch oder englisch — der Wortschatz reicht vielfach für das Allernötigste —, doch wie steht es mit uns? Wer von uns spricht schon suaheli oder thai? *Die meisten Touristen wollen gar keine Kontakte; sie wollen braun werden.*

Ein anderer wesentlicher Faktor ist die Zeit. Blitzvisiten ermöglichen kaum eine echte Verständigung mit dem besuchten Volk. Wer sich wirklich um Kontakt bemüht, tut gut daran, ein paar Worte in der fremden Sprache zu lernen. Oft genügen schon ein paar Begrüssungsworte, um das Eis zu brechen. Und wo ein Ausdruck fehlt, können wir ja mit Skizzen oder Gebärden nachhelfen. Man braucht nicht gerade die kompliziertesten Themen aufzugreifen, zeigt Fotos von daheim und zieht, wenn möglich, Dolmetscher herbei.

Kultur

Mit Vorliebe besuchen interessierte Touristen antike Stätten und informieren sich über die Geschichte des Landes. Leider trifft man jedoch selten auf Reisende, die sich für den *Menschen von heute, seine heutige Umgebung, sein heutiges Schaffen* interessieren. Dadurch entsteht für den Besucher oft eine Distanz zur fremden Bevölkerung, und er beurteilt mangels Wissen und Erfahrung in ungerechter Weise das moralische, ethische und religiöse Empfinden der Einheimischen. In Moscheen laut daherschwatzen, unerlaubt fotografieren, leicht geschürzt promenieren, entspringt vielleicht reiner Gedankenlosigkeit, schafft aber bei den Einheimischen doch „böses

Blut". Darum: Wenden Sie sich den heutigen Menschen und ihren Problemen zu!

Folklore

Fällt das Wort „Afrika", geistern durch manche Touristenhirne erotische Vorstellungen. In Afrika will man Nackte — oder wenigsten Halbnackte — sehen und fotografieren, um zu Hause von den „primitiven, aber natürlichen" Schwarzen berichten zu können. In den Touristenorten hat man natürlich auch die „Nase am Wind" und bietet eine „echte" Folklore an, die sich aber häufig als Striptease-Ersatz entpuppt. Die fortschreitende Zivilisation hat auch in fernen Ländern das wirkliche Volksgut aus Städten und leicht zugänglichen Orten vertrieben. Folklore ist Volkskunst, vom und für das Volk. Sie hat nichts mit von Profis inszenierten Tänzen und der Musik in piekfeinen Lokalen zu tun, wo betuchte Touristen ein Auge voll „typischer Ambiance" nehmen.

Der wirklich interessierte Tourist ist sich darüber im klaren, dass ihm eine Scheinwelt vorgegaukelt wird. Das ursprüngliche Volksgut kann nicht in Fremdenverkehrszentren verpflanzt werden.

Der Einheimische

Er sieht uns in jedem Fall als Reiche an, gleichgültig, ob dies — nach unseren Massstäben — zutrifft oder nicht.

Er ist oft nicht in unserem Sinne „gebildet" und manchmal ziemlich mittellos. Zielen wir deshalb nicht darauf ab, ihn diesen Unterschied spüren zu lassen, ihm unsere „Überlegenheit" zu zeigen.

Er ist — wenigstens zu Beginn — von unserer Zivilisation beeindruckt und möchte sein Stück von diesem Kuchen abschneiden. Belächeln wir ihn deshalb nicht, sondern lassen wir ihn an jenen Errungenschaften teilhaben, die wir mit ruhigem Gewissen vorzeigen können (Bildung, Medizin).

Er ist über unser Auftreten und unser Verhalten oft schockiert (wir geben uns ja auch in den Ferien besonders „lässig"!). Unterlassen wir also den ferienhalber inszenierten Mummenschanz, die extrem vornehme oder vergammelte Kleidung, das Vorzeigen von Schmuck und teuren Kameras. Saloppe, zweckmässige Kleidung wirkt unaufdringlicher, Kameras und Feldstecher bei Nichtgebrauch in der Tasche lassen ... wir wirken so natürlich und sicher sympathischer in den Augen der Einheimischen.

Vorurteile

Oft hegen wir Vorurteile gegenüber farbigen Menschen und sie wiederum gegenüber uns „Bleichgesichtern". Wir machen uns vom Land – das wir besuchen wollen – ein Bild, das von Reiseprospekten, Ferienberichten und den Massenmedien geprägt ist, kurzum: von Interessengemeinschaften, die nicht unbedingt eine reale Darstellungsweise beabsichtigen.

Umgekehrt erscheinen wir in den Augen der Drittwelt-Völker als reiche Nichtstuer; sie sehen uns ja nie eine Arbeit verrichten, sondern nur als Tourist, der Unmengen verschlingt, stets Durst hat, oft herumliegt, viel Wasser braucht und Geld wie Heu hat. Da die meisten Touristen in Gruppen reisen und alles innerhalb dieser Gruppen unternehmen, kommen sie gar nicht in echten Kontakt mit der Bevölkerung. Aber gerade dieser Kontakt ist wichtig zum gegenseitigen Abbau von Vorurteilen. Denn die Begegnungen mit Hotelpersonal, Buschauffeuren, Folkloregruppen, Prostituierten, Bettlern und Souvenirverkäufern sind nicht repräsentativ für das Land. Auch hier gilt: Die Blitzreise kann nur wenige Vorurteile korrigieren.

Apropos: Auch Fotos sind nicht frei von Vorurteilen. Denn meist knipsen wir, was uns gefällt, ins Auge sticht, bizarr und „exotisch" dünkt. Wir sind nicht bestrebt, ein reales, ausgewogenes Bild des Landes zu vermitteln.

Können Vorurteile abgebaut werden?

Ja sicher, wenn wir uns entsprechend auf die Reise vorbereiten. Dabei kommt es auf die Wahl der Zeitungen, Zeitschriften und Reisebücher an. Was wir brauchen, ist reine, ungeschminkte Information, die uns hilft, die wirtschaftlichen, kulturellen aber auch entwicklungspolitischen Zusammenhänge des Ferienlandes zu verstehen.

■ Bettelei und Prostitution sind eine Folge von Armut und geschehen oft aus einer Notlage heraus. Verachtung ist fehl am Platz.

■ Mit übermässigen Trinkgeldern fördert man die Korruption, mit allzu geringen wird man den kleinen Einkommen nicht gerecht. Wer auf Märkten und Bazaren nicht nach den landesüblichen Ansätzen zahlt, zerstört das Preisgefüge. Deshalb: informieren Sie sich vorab beim Reiseleiter.

■ Religiöse Stätten und die darin geübten Sitten und Gebräuche müssen wir unbedingt achten. Wohnhäuser, offene Gärten und Terrassen nicht ohne Aufforderung der Einheimischen betreten – respektieren wir auch im Ausland das fremde Eigentum! Wer Menschen begegnen will, braucht Zeit dazu.

153

■ *Reisen wir nicht mit der Absicht, das Gastland unserem (Vor-) Urteil anzupassen, sondern mit der Bereitschaft, uns nach den Gegebenheiten eine Meinung zu bilden und Toleranz zu üben. Jene Toleranz, die auch wir von unseren Gästen erwarten.*

Alternativtourismus

Wer in Gruppen reist, sollte den Mut aufbringen, auch einmal auf eigene Faust einen Ausflug zu unternehmen. Dies ist die beste Gelegenheit Kontakt mit Einheimischen aufzunehmen. Alternative Reiseformen bieten dazu viele Möglichkeiten. Aber auch als „Tramper" ist man nicht zum vornherein über alle Vorurteile erhaben. Wo irgendetwas an der Lebensweise oder der Kultur der Einheimischen unverständlich ist, hilft oft die Frage: Warum handeln sie so? Welche Beweggründe haben sie? Denn jede Verhaltensweise ist geprägt von Tradition und Umweltbedingungen, oder nach Wilhelm Dilthey: *„Die Melodie eines jeden Lebens ist bedingt durch die Töne der vergangenen Zeiten."*

Wenn wir vom Massentourismus loskommen wollen, müssen wir uns anderen, alternativen Reiseformen zuwenden. Diese sind zwar mit einem erheblichen Mehraufwand an Vorbereitungs- und Reisezeit, oft auch an Geld, verbunden, doch das Erlebnis ist entsprechend tiefer.

Zahlreiche Möglichkeiten bieten sich an; hier sind einige herausgepflückt. Wir können:

■ dem gebuchten Pauschalarrangement noch ein oder zwei zusätzliche Wochen anhängen und dann auf individueller Tour das Land und seine Bewohner näher kennenlernen;

■ statt auf grossen organisierten Busreisen etappenweise mit Linienbussen, zu Fuss oder per Autostopp auf Entdeckungen ausgehen;

■ statt im Hotel bei einheimischen Familien wohnen;

■ als Student ein oder zwei Semester an einer Universität in der Dritten Welt studieren;

■ in einem Entwicklungsland temporär arbeiten (Sozialeinsätze usw.) und anschliessend auf Rundreise gehen.

Wir können unser Gastland aber auch direkt unterstützen und damit Vorurteile abbauen helfen. So z. B. durch tätige Hilfe (Arbeitsferien) bei Entwicklungsprojekten; durch die Förderung humanitärer Institutionen; durch den Kauf von Agrarprodukten in den Dritt-Welt-Läden oder auch durch die Aufnahme von Ausländern (z. B. Studenten) in unsere Familie. Adressen finden Sie S. 211.

Aussergewöhnliche Situationen

Wir alle hoffen, dass unsere Ferien ungestört und erfreulich verlaufen. Zuweilen kann es trotzdem zu ungewöhnlichen und unliebsamen Situationen kommen. Um diese meistern zu können, gilt es, sich vorher gedanklich damit zu befassen. Wir fühlen uns viel sicherer, wenn wir wissen, was in solchen Fällen zu tun ist.

Brand im Hotel

Als Hotelbewohner können Sie viel zu Ihrer eigenen Sicherheit beitragen. Etwa die Hälfte der Hotelbrände werden nämlich durch die Gäste verursacht. Fahrlässiger Umgang mit Raucherwaren (Rauchen im Bett, Leeren von Aschenbechern in Papierkörbe, Wegwerfen von Zigarettenstummeln und Streichhölzern usw.) und elektrischen Geräten (Haartrockner, elektrische Heiz- und Kochgeräte usw.) sind die Hauptgründe.

Für einen sicheren Hotelaufenthalt gibt die Beratungsstelle für Brandverhütung folgende Empfehlungen:

■ Suchen Sie unmittelbar nach Zimmerbezug den Fluchtweg und die nächsten Löschgeräte (Handfeuerlöscher, Innenhydranten).

■ Prüfen Sie Ihr Zimmer im Hinblick auf einen möglichen Brand: Türe, Fenster, Böden, äussere Umgebung usw.

■ Informieren Sie sich über die Möglichkeit, Feueralarm auszulösen (Handtaster, über Telefonzentrale oder direkt. CH: Tel.-Nr. 118).

■ Befolgen Sie die allgemeinen Brandverhütungsgebote, insbesondere im Umgang mit Raucherwaren und Elektrogeräten *(Rauchen Sie nie im Bett!)*.

■ Bleiben Sie bei einem Brandausbruch ruhig und handeln Sie nach dem Motto „Alarmieren − Retten − Löschen!" *(Nie Aufzüge benützen!)*.

■ Schliessen Sie im Brandfall Fenster und Türen.

■ Das weitere Verhalten im Brandfall hängt von der Gebäudekonstruktion ab:

Alte Gebäude, vor allem aus Holz gebaut: Suchen Sie wenn immer möglich den Weg ins Freie. Machen Sie sich am Fenster bemerkbar, wenn Ihnen dies nicht gelingt.

Hohe und massiv gebaute Gebäude: Verlassen Sie das Zimmer nur, wenn Ihnen die Flucht ins Freie mit Sicherheit gelingt oder wenn Sie sich in umittelbarer Gefahr befinden.

Panik
— ist das Produkt einer wildgewordenen Phantasie,
— ist ansteckend,
— macht Rettung fast unmöglich.

Brand im Ferienhaus

1. *Ruhe bewahren, keine Panik auslösen.*
2. Sofort Feuerwehr alarmieren (Tel. Nr. 118), Ort und Ereignis angeben.
3. Fenster und Türen schliessen (Vermeidung der Brandausbreitung).
4. Gefährdete Personen alarmieren.
5. Menschen retten (Personen mit brennenden Kleidern in Decken oder Mäntel hüllen und auf dem Boden wälzen).
6. Brand mit den verfügbaren Mitteln (Handfeuerlöscher, Innenhydranten) bekämpfen.
   — Wasser nur bei glutbildenden Bränden verwenden.
   — Brände von Öl und Fett mit Wolldecke ersticken.
   — Bei brennenden elektrischen Geräten sofort Stecker ausziehen (oder abschalten), wenn möglich in sichere Umgebung bringen (Garten, Balkon, Betonboden usw.) oder abdecken.
7. Brandstelle im Notfall über Fluchtwege (Ausgänge, Treppen, Notausstiege) verlassen. Im Brandfall niemals Aufzüge verwenden.
8. Eintreffende Feuerwehr einweisen.

Die angegebene Reihenfolge ist für den Normalfall gültig. Je nach Situation kann aber auch eine andere Reihenfolge angebracht sein.

Raub — Geiselnahme

■ Senken Sie das Risiko, indem Sie Wertsachen generell im Hotel-Safe lassen und nur kleine Barbeträge auf sich tragen.

■ Vermeiden Sie Spaziergänge in der Dämmerung und nachts in unbelebten Strassen und Gassen.

■ Reagieren Sie nicht auf Pfiffe und Rufe.

■ Werden Sie angesprochen, so gehen Sie einfach weiter (besonders, wenn Sie die Landessprache nicht beherrschen), wenden Sie sich gegebenenfalls an andere Passanten und erbitten Sie Hilfe.

■ Informieren Sie den Hotelportier über Ihren Spaziergang.

■ Merken Sie sich den Rückweg und allfällige Polizeiposten oder andere Amtsstellen entlang der Route.

■ Ab der Dämmerung nach Möglichkeit keine Alleingänge mehr unternehmen. Zu zweit oder in der Gruppe sind Sie geschützter.

Wenn Sie trotzdem in einen Zwischenfall verwickelt werden, merken Sie sich das Signalement des Angreifers, aber wehren Sie sich nicht. Lieber das Geld für den geplanten Schlummertrunk verlieren, als eine Verletzung riskieren. Wenn Sie die Landessprache beherrschen, können Sie versuchen, den Angreifer in ein Gespräch zu verwickeln oder in belebten Gegenden durch Schreie auf Ihre Notsituation aufmerksam zu machen. Melden Sie den Vorfall sofort bei der nächsten Polizeistelle oder im Hotel.

Das Risiko, in eine *Geiselnahme* verwickelt zu werden, ist äusserst gering. Bewahren Sie ruhig Blut, vor allem in der Anfangsphase: Auch der Entführer steht unter Stress und neigt zu Panik-Reaktionen. Reden Sie nur, wenn Sie gefragt werden und versuchen Sie nicht zu fliehen — Sie gefährden nicht nur sich selbst, sondern auch Ihre Gruppe. Befolgen Sie die Anweisungen der Entführer und bleiben Sie ständig in Augenkontakt mit ihnen.

Geldsorgen: Das Konsulat — ein Rettungsring?

Jedes Jahr geraten zahlreiche Schweizer Touristen im Ausland in finanzielle Not und müssen öffentliche Hilfe beanspruchen. Die Gründe sind meist ungenügende Reisevorbereitung, fehlende Versicherungen und allzu knappe Reisefinanzen.

Schweizer Bürger, die sich nur kurzfristig — bis zu 3 Monaten — im Ausland aufhalten, fallen nicht unter das Bundesgesetz vom 21. März 1973 über Fürsorgeleistungen an Auslandschweizer.

Trotzdem gewährt ihnen der Bund auf Gesuch hin unter bestimmten Voraussetzungen zinslose Darlehen, um damit die Zeit bis zur Beschaffung eigener Geldmittel zu überbrücken, Arzt- und Spitalkosten zu begleichen oder die Heimreise zu finanzieren. Diese Vorschüsse dürfen nicht zur Finanzierung der Weiterreise in einen Drittstaat oder zur Verlängerung des Ferienaufenthaltes verwendet werden.

Meist sind es Geschäfts- oder Ferienreisende, die aus gesundheitlichen, finanziellen, administrativen oder anderen Gründen in Bedrängnis geraten sind.

Der Hilfeempfänger verpflichtet sich, den Vorschuss innert 60 Tagen zurückzuzahlen. Kommt er seiner Verpflichtung nicht nach, wird er gemahnt und nötigenfalls betrieben.

Es liegt auf der Hand, dass es nicht Aufgabe der schweizerischen Auslandsvertretungen sein kann, allzu abenteuerlustigen Landsleuten, welche ihre Notlage fahrlässig selbst verschuldet haben, durch Geldvorschüsse weitere unüberlegte Reisepläne zu ermöglichen. Sie sind aber gerne bereit, Touristen in wirklichen Notfällen, bei Diebstahl, Krankheit, Unfall und unverschuldeter Verhaftung, tatkräftig zu unterstützen.

Darum: *Nehmen Sie genügend Reisegeld mit und beanspruchen Sie die schweizerischen Auslandsvertretungen nur in wirklichen Notfällen!* Besonders zu empfehlen ist der Abschluss einer Reiseversicherung, aber auch die Bezahlung des Gönnerbeitrages der Schweizerischen Rettungsflugwacht. Passverlust siehe S. 81.

Junge Leute unterwegs

Kaum beginnt die Frühlingssonne etwas stärker zu scheinen, sieht man sie überall: In der Eisenbahn, mit erhobenem Daumen am Strassenrand, rucksackbuckelnd vor der Jugendherberge oder vor einer Sehenswürdigkeit – junge Leute aus vielen Ländern, alle unterwegs, um die Welt zu entdecken.

Warum zieht es so viele junge Leute hinaus? Die Antworten sind zahlreich: Man will endlich einmal etwas von der Welt sehen, aus der Tretmühle ausbrechen oder den Horizont erweitern. Aber auch mit fremden Menschen Kontakte aufnehmen und ihr Leben verstehen lernen.

Zieht es Dich auch hinaus in die Ferne? Wohlan denn, mache Dich ans Planen und Vorbereiten; schau aber vor dem Losziehen, ob Du von den folgenden Anregungen nicht auch profitieren kannst:

Autostopp

Mit dem Daumen reisen, trampen, per Anhalter unterwegs sein, Hitch-hiking – vier Wendungen für eine beliebte, billige interessante, aber auch risikoreiche Reiseart: das Autostoppen. Hier die wichtigsten Verhaltensmassregeln:

■ Trampe möglichst nie allein; reise mit einem guten Freund.

■ Trampe nie nachts oder bei einbrechender Dunkelheit.

■ Reise nicht mit allzu viel Gepäck – es ist Dir beim Trampen nur hinderlich.

■ Führe im Gepäck immer Deine Heim-Adresse und Telefonnummer mit.

■ Trage Deine Barschaft nicht so mit Dir herum, dass jeder von weitem sieht, wo Du Dein Geld versteckt hast.

■ Sauber angezogene Stopper haben grössere Chancen, mitgenommen zu werden.

■ Schreibe mit dickem Filzstift gut lesbar die nächste grössere Stadt auf einen Karton – so wirst Du eher mitgenommen, als wenn Du gleich Dein – vielleicht weit entferntes – Ziel angibst.

■ Stoppe so, dass Dich der Fahrer schon von weitem sehen kann; immer sich selbst und den Partner zeigen, nicht alle und alles hinter geparkten Autos „tarnen".

■ Stoppe nie hinter einer Bergkuppe, vor einer unübersichtlichen Kurve oder auf der Autobahnzufahrt.

■ Blicke beim Stoppen den Fahrer an. Trage keine Sonnenbrille — sie verhindert den Augenkontakt.

■ Stehe beim Stoppen aufrecht am Strassenrand — liegende oder essende Stopper werden vielfach nicht ernst genommen.

■ Zeige auch bei langer Wartezeit kein griesgrämiges Gesicht.

■ An Tankstellen und Raststätten lohnt sich die Frage nach einer Mitfahrgelegenheit fast immer.

■ Steige nie in ein Auto, dessen Fahrer Dir übermüdet scheint oder der wie ein Rennfahrer daherbraust.

■ Sitze wenn möglich immer hinten.

■ Wenn Du vorne sitzt: immer angurten!

■ Lass Dein Gepäck nie allein.

■ Öffne nach dem Einsteigen noch einmal die Türe, damit Du den Öffnungsmechanismus im Gedächtnis hast, falls Du aus irgendeinem Grund rasch aussteigen musst.

■ Merke Dir die Fahrzeugnummer und notiere sie möglichst unbemerkt; anhand der Nummer kannst Du die Adresse des Fahrers ausfindig machen und ihm für eine sehr lange Fahrt mit einer Karte danken oder ihn — in einem negativen Fall — als Übeltäter orten.

■ In der Bundesrepublik Deutschland, in Frankreich, in Österreich und in der Schweiz gibt es *Mitfahrerzentralen*, die für eine bescheidene Gebühr Mitfahrgelegenheiten vermitteln (Adressen siehe S. 211).

Deine Ausrüstung

Kaufe praktische und zweckmässige Dinge; eine Ausrüstungsliste findest Du auf S. 85 dieses Ratgebers. Zusätzlich benötigst Du vielleicht einen *Schlafsack* mit Daunen- oder mit Kunststoff-Füllung. Welchen wählen? Das kommt auf Deine Reise-Richtung (Norden/Süden) und auch auf Deinen Geldbeutel an. Generell: Daunensäcke halten wärmer, sind nicht so voluminös, leicht, jedoch feuchtigkeitsempfindlicher und teurer als Kunstfasersäcke, die voll waschbar sind. Mein Tip: wähle keinen zu warmen (dicken/teuren) Schlafsack, für kalte Nächte kannst Du immer noch mit einer zusätzlichen Kleiderschicht schlafen.

Falls Du ohnehin nur in Jugendherbergen schlafen willst, so ist ein *Leinenschlafsack*, aus alten Leintüchern zusammengenäht, ein sehr nützliches Reiseutensil. Er sollte etwa 80 × 190 cm gross, oben offen und auf beiden Seiten etwa 50 cm tief eingeschnitten sein. Mit diesem Sack hast Du eine ideale Kombination von Ober- und Unterleintuch im Gepäck.

Zum guten Schlaf gehört auch eine *Matratze*. *Luftmatratzen* sind komfortabel, aber schwer (über 1 kg) und für „Luftlöcher" anfällig (Flickzeug mitnehmen!); *Schaumstoffmatratzen* haben ein kleines Packvolumen, isolieren vorzüglich, wiegen je nach Dicke und Format kaum 200 Gramm und sind preisgünstig (Isoliermatte 50 × 160 cm, 10 mm dick, aus geschlossenzelligem Schaumstoff).

Ein *Zelt* bedeutet mehr Gewicht und Volumen — überlege daher genau, ob Du wirklich campieren oder lieber unter freiem Himmel, in einer Scheune usw. schlafen willst. Leichte Wanderzelte findest Du in Sportgeschäften und Warenhäusern.

Kocher können für Gas, Benzin, Spiritus, Petrol und Festbrennstoff konstruiert sein. Alle haben Vor- und Nachteile (Gewicht, Volumen, Heizleistung, Brennstoffnachschub unterwegs usw.).

Pelerinen eignen sich als Regenschutz besser als Regenmäntel und sind auch als Decke oder Regendach zu verwenden.

Ein *Taschenmesser* mit mehreren Klingen und einigen kleinen Werkzeugen (Ahle, Säge, Büchsenöffner) ist zweckmässiger als ein Pfadidolch, der in gewissen Ländern als Waffe angesehen wird und Dich in Schwierigkeiten bringen kann. Ich wurde einst wegen meines Dolches am Gürtel in Südeuropa verhaftet und für einige Tage in Untersuchungshaft genommen; Delikt: „unerlaubtes Waffentragen".

Der Durst kommt oft dann, wenn keine Trinkgelegenheit in der Nähe ist. Eine *Ziegenleder-Trinkflasche* ist praktisch und nimmt zusammengefaltet kaum Platz weg.

Zum wichtigen *Kleinkram* gehören: 5 m Schnur, etwas Draht, Schnellkleber, Sicherheitsnadeln, kleines Nähzeug, Allroundseife, Apotheke (siehe S. 105).

Reisedokumente

Je nach Reiseziel hast Du bei Dir:
- ■ Reisepass oder Identitätskarte
- ■ Mitgliedsausweis für Jugendherbergen
- ■ Internationale Studentenkarte (mit neuester Jahresmarke).

Bei allen Ausweisen: Nummer notieren und separat aufbewahren!

■ Trage nie viel Bargeld auf Dir. Halte Deine Reisekasse in Checks (siehe S. 86) oder lasse Dir per telegrafischer Postanweisung Geld schicken (die rascheste und sicherste Möglichkeit). Willst Du Geld wechseln oder Checks einlösen: die Banken in Flughäfen und Hauptbahnhöfen haben längere Öffnungszeiten. Der Wechselkurs in Hotels ist meist schlechter als der offizielle Bankkurs.

■ Viel Gepäck behindert Dich — schau, dass Du alles im gut gepackten Rucksack unterbringen kannst. Leicht entbehrliche Dinge lasse daheim — improvisiere lieber.

Einreisebestimmungen

■ In Thailand etwa dürfen sich Ausländer, die mit abgewetzter Kleidung, knappen Finanzen und drogenverschwollenen Augen ins Land einreisen wollen, nur noch einen Tag aufhalten.

■ Oder in Indien: Alle ausländischen Touristen, die ohne Visum, jedoch mit einem gültigen Pass einreisen, erhalten eine „Landeerlaubnis" mit bis zu 30 Tagen Aufenthalt. Diese Erlaubnis wird nur einmal innerhalb von sechs Monaten ausgestellt.

■ Oder in Singapur: Junge Männer mit Bärten und langen Haaren sind in Singapur nicht besonders beliebt und können deswegen in ernsthafte Schwierigkeiten geraten.

■ Zahlreiche Länder verlangen aufgrund schlechter Erfahrungen, dass Du einen minimalen Geldbetrag bei Dir führst. Fehlt er, verweigern sie Dir die Einreise.

Dies sind nur einige Beispiele: Erkundige Dich in jedem Fall noch vor Deiner Abreise bei den Botschaften und Konsulaten Deiner Ferienländer nach den Einreisebestimmungen.

Preiswert reisen

Heute existieren zahlreiche Reiseführer, die über „den billigsten Trip nach . . ." informieren. Spezialisierte Reisebuchhandlungen (siehe S. 195) oder Dein Buchhändler am Ort informieren Dich gern. Aktuelle Tips erhältst Du unterwegs von andern Reisenden.

■ Essen kannst Du gut und preiswert in Fernfahrer-Restaurants.

■ Übernachte in Jugendherbergen und YMCA-Häusern (Adressen siehe S. 212). Auch Herbergen in der Nähe von Bahnhöfen oder Häfen sind oft preiswert. Hüte Dich vor Übernachtungen in Stadtparks und öffentlichen Anlagen (Diebstahlgefahr).

■ Wer sicher und in einem bestimmten Zeitraum an den Zielort gelangen will, melde sich bei der *Mitfahrerzentrale* (Adressen siehe S. 211). Gegen ein bescheidenes Entgelt wird Dir hier eine Fahrgelegenheit vermittelt.

■ Erkundige Dich frühzeitig bei Reisebüros und Globetrotter-Reisediensten, bei der Bahn oder bei den Fluggesellschaften nach ihren Angeboten.

Nach der Reise

Stelle Dir nach jeder Reise die folgenden Fragen:

■ Habe ich von meiner Reise profitiert? Wenn ja, in welcher Hinsicht?

■ Sind mir Land und Leute meines Reisezieles vertrauter geworden?

■ Würde ich die gleiche Reise in dieser Form nochmals unternehmen?

Deine Antworten zeigen Dir, ob Du konstruktiv unterwegs gewesen bist oder ob Du „gereist worden bist".

Als Frau allein auf Reisen

Was die einen als überaus gefährlich betrachten, scheint anderen ohne weiteres machbar. Und wieso sollte eine Frau nicht auf eigene Faust ein Gebiet durchstreifen und mit der Bevölkerung Kontakt aufnehmen können? Natürlich sind gerade „in Sachen Frau" die Unterschiede von Land zu Land bedeutend; es ist darum wichtig, ein paar Dinge zu berücksichtigen:

■ Studieren Sie genau die Region, die Sie bereisen möchten und merken Sie sich vor allem, wie Sitten und Gebräuche im besuchten Kulturkreis sich auf das Leben der Frauen auswirken.

■ Lernen Sie, wenn immer möglich, die Landessprache. Dies gibt Ihnen Gelegenheit, ein besseres Verständnis von Land und Leuten zu gewinnen, sei es durch persönliche Begegnungen, Zeitungslesen oder Kinobesuch.

■ Gefahren können überall auftauchen − für Frauen wie für Männer. Allgemein gültige Regeln gibt es kaum. Zum einen kommt es auf den Vorbereitungsgrad und die Art des Reisens der Betreffenden an, zum anderen auf das bereiste Land, dessen Kulturkreis und Bevölkerung sowie deren Mentalität.

■ Sicher sind Sie als Frau mehr Gefahren ausgesetzt, als Ihre männlichen Gefährten − das liegt in der Natur der Dinge. Doch diesbezüglich gewappnet sein heisst nicht, mit einem Tränengas-Spray in der Tasche herumzuspazieren. Dieser kann in gewissen Ländern als Waffe gedeutet werden und zu Problemen (Festnahme) führen.

Weit besser sind gesunder Menschenverstand, offene Augen und Ohren, gute Kenntnisse der Landessprache, verhaltenes aber sicheres Auftreten sowie sachliches Abwägen auftretender Risiken, um allfälligen Gefahren auszuweichen (z. B. nächtliche Streifzüge in wenig begangenen Strassen usw.)

■ Einsam oder allein brauchen Globetrotterinnen nicht zu sein. Man trifft unterwegs immer wieder Gleichgesinnte, mit denen man zusammen reisen oder etwas unternehmen kann.

Nicht jeder Busbesitzer ist vertrauenswürdig

Mit Bussen fahren viele Transportunternehmer in die Badezentren nach Spanien, Italien und Jugoslawien. Bei besonders günstigen Angeboten ist Vorsicht am Platze. Maria B. hatte sich bei einem kleinen Reisebüro in Basel, welches Strandhotels in Spanien zu Discount- und Schlagerpreisen anbot, für einen 10tägigen Aufenthalt in einem ihr von früher bekannten Hotel angemeldet. Nach langer Fahrt im wenig komfortablen Bus traf man morgens um 10 Uhr am Reiseziel ein, doch für Maria B. war kein Zimmer reserviert. Nach stundenlangem Warten machte ihr der Chauffeur, der gleichzeitig Reisebüroinhaber ist, drei Vorschläge: Rückfahrt mit dem Car, Unterkunft in einem Bungalow zusammen mit zwei fremden Kindern oder in einem Doppelzimmer mit einer ebenfalls fremden Frau. Maria jedoch suchte sofort ein Privatzimmer. Der Carbesitzer, der seine Verpflichtungen nicht erfüllt hatte, weigerte sich, Maria B. die Mehrkosten zu bezahlen oder ihr eine Vergütung für die Unannehmlichkeiten zukommen zu lassen. Und wer prozessiert schon wegen einigen hundert Franken?

Souvenirs, Souvenirs ...

Die Sitte, zur Erinnerung an den Ferienort etwas Typisches mitzubringen, ist alt. War die Auswahl an solchen Artikeln früher noch bescheiden, so hat das heutige Angebot enorme Ausmasse angenommen, und es hat sich eine eigentliche Souvenir-Industrie entwickelt. Damit Sie bei der Wahl eines Reiseandenkens eine glückliche Hand haben, hier einige Hinweise und Anregungen:

Antiquitäten

Wirklich echte alte Stücke sind auch im Ausland ziemlich kostspielig. Aufgepasst: manchmal werden Antiquitäten wie Statuetten, Münzen usw. als „echt antik" angeboten und trotzdem zu einem „Freundespreis" verkauft. Glauben Sie nie an das hohe Alter des Objektes; seien Sie skeptisch, verlangen Sie, besonders bei teuren Exemplaren, ein schriftliches Echtheitszertifikat und informieren Sie sich noch *vor* dem definitiven Kauf, ob Sie das Stück überhaupt exportieren dürfen. In mehreren Ländern besteht für gewisse Antiquitäten ein absolutes Ausfuhrverbot − wer dies nicht beachtet, muss mit hohen Geldbussen oder gar Haftstrafen rechnen!

Es gibt „Spezialisten", die neue, massenweise fabrizierte Souvenirartikel so raffiniert präparieren, dass sie den wirklich alten Stücken täuschend ähnlich sind. Darum Hände weg, wer nicht Fachmann ist! Zahlen Sie nur so viel, wie Ihnen der Artikel wert ist und glauben Sie den Beteuerungen des Verkäufers nicht.

Lebende Tiere / Reiseandenken aus Tierprodukten

Papageien, Zierfische, Affen − alles wird feilgeboten und findet leider immer noch Abnehmer. Abgesehen davon, dass der Fang, der Transport und oft auch die spätere Haltung an Tierquälerei grenzen − die Zollbestimmungen sind scharf, meist ist auch eine lange Quarantäne vorgeschrieben, da viele Tierarten Krankheits- und Seuchenträger sein können. Zudem sind viele Arten geschützt und Sie müssen bei der Rückkehr gar mit einer Busse durch die schweizerischen Zollorgane und mit Beschlagnahmung rechnen.

Auch die Reiseandenken, die aus Tierprodukten hergestellt werden, sind immer mehr verpönt. Mehrere Länder, darunter auch die

Schweiz, haben die Einfuhr von Artikeln wie Elfenbein, Krokoleder, Seehundfelle, Schildkrötenpanzer usw. verboten, weil die Tierarten akut gefährdet sind. Auch hier müssen Sie mit Beschlagnahmung und Busse rechnen. Kurz: Wahre Tierfreunde verzichten auf diesen fragwürdigen Handel!

Vorsicht ist auch bei Ledersouvenirs geboten! Reiseandenken aus tierischen Häuten und Fellen − ganz besonders aus südlichen Ländern − können gesundheitliche Gefahren für den Käufer in sich bergen. Ursache ist der Milzbrand, eine bei Ziegen, Schafen, Rindern, Pferden weltweit vorkommende Krankheit. Besonders Haiti ist für derart verseuchte Souvenirs bekannt (Handtaschen, Bongo-Trommeln usw.). In den USA besteht seit mehreren Jahren für solche Produkte eine Einfuhrsperre.

Holzschmuck aus tropischen Ländern

Seien Sie beim Kauf vorsichtig. Es sind zahlreiche Fälle bekannt, wo das Tragen von Halsketten aus exotischem Holz zu Vergiftungserscheinungen oder Hautausschlägen führte.

Teppiche

Ein besonders populäres Thema ist der Teppichkauf. Für Besucher des Orients ist es beinahe ein Muss, einen Teppich heimzubringen. Kaufwillige finden überall einen Zubringer, der Ihnen einen „Onkel" oder „guten Freund" weiss, der natürlich die besten und erst noch die günstigsten Teppiche verkauft. „Special price for you, my friend!" − ein Vorrecht, das dem Neuling schmeichelt und ihn auch kauffreudiger stimmt. Überlegt er sich den Kauf länger, wird zuweilen diskret auf die missliche Familienlage hingewiesen (kranke Mutter, viele Kinder), was dann meist wirkt. Ist der Kauf endlich perfekt, zieht der neue Besitzer glücklich ab, überzeugt, nun einen guten oder gar den „Kauf des Lebens" getan zu haben.

Zu Hause lässt er den Teppich von einem Fachmann einschätzen und muss dann feststellen, dass er bei diesem „Gelegenheitskauf" nur sehr wenig oder, was wahrscheinlicher ist, überhaupt nichts eingespart hat.

Auch hier hat Qualität ihren Preis, und wem Zeit und Lust zum Feilschen fehlen, der bringt sich um ein herrliches Erlebnis und um eine interessante Preisreduktion.

Uhren

Vor allem Touristen fallen immer wieder auf die Tricks gewiefter, fliegender Uhrenverkäufer herein. Darum: Vorsicht, wenn Ihnen

an der Strassenecke eine angeblich wertvolle „Markenuhr" zu besonders günstigen Bedingungen angeboten wird. Wenn die Uhr nicht
gestohlen ist, dann ist sie sicher gefälscht. Misstrauen Sie auch den
verschiedenen „Verkaufsförderungs-Maschen", etwa „Verkauf zum
Unterhalt der armen Familie" oder „Geld für die kranke Mutter"
usw.

Solche „Uhrenverkäufer" sind vor allem in den Strassen, auf
öffentlichen Plätzen, an Autobahnraststätten und auf Campingplät-
zen anzutreffen. Wer zu einer einwandfreien Markenuhr mit Garan-
tie und Service kommen will, wende sich mit Vorteil an ein Fachge-
schäft − in der Schweiz!

Gravuren

Sich am Ferienort seinen Namen oder jene unserer Lieben ins
Amulett, in den Armreif oder in die Uhr gravieren zu lassen − ein
sicherlich hübsches Andenken. Wenn Sie bei der Arbeit gleich zu-
schauen können, haben Sie dazu noch etwas erlebt. Hüten Sie sich
jedoch vor „Graveuren", die Ihnen versichern, mit Ihrem Silberreif
in wenigen Minuten zurück zu sein. Mir bot einmal bei einer kurzen
Zwischenlandung in Karachi ein Schlaumeier an, schnell meine Uhr
zu gravieren . . . Also aufgepasst bei solchen Strassenecken-Offerten
− der Schaden könnte gravierend sein!

Airport-Art

Das sind jene Souvenirs, die im Flughafen verkauft werden (oft
für „Fünf-Minuten-vor-Abflug-Käufe"). Meist handelt es sich um
aus dem Ausland importierte Massenfabrikate. Reiseandenken sollten wenn immer möglich aus der von Ihnen bereisten Region des
Landes stammen. Mit Ihrem Kauf fördern Sie das einheimische
Handwerk und verhelfen dem Land zu Devisen. Wohl kostet der
handgeschnitzte Brieföffner etwas mehr als die Plastik-Piroge
(„Made in Hongkong"), doch wird der Wert für Sie höher sein, da
er aus dem Ferienland selbst stammt, von Hand gemacht ist und
somit eine Art Charakter besitzt.

Und jetzt noch einige Tips:

■ Reiseandenken an Ständen und Kiosken bei bekannten Sehenswürdigkeiten und in Touristenzentren sind teurer − in Warenhäusern erhalten Sie oft die gleichen Souvenirs preisgünstiger.

■ Kaufen Sie Ihre Souvenirs dort ein, wo *Sie* wollen − der
Reiseleiter „empfiehlt" Ihnen meistens jenen Laden, wo er seine
Vermittlerprovision erhält.

■ Wenn es ein etwas grösseres Souvenir sein darf (Kamera, elektronische Geräte): Modell und Preisangaben zu Hause notieren und im Ferienland vergleichen — Ihr Objekt ist im Ausland nicht unbedingt günstiger.

■ Gold und Juwelen: auch im Ferienland hat Qualität ihren Preis. Günstiger Goldschmuck ist oft aus minderwertigem Material, und der Jadering „zum Freundespreis" erweist sich als Kopie. Käufe daher nur in renommierten Geschäften tätigen.

■ Wenn Sie gerne Anzüge, Kleider und Hemden nach Mass heimbringen wollen: in Fernost finden Sie gute Schneider mit humanen Preisen.

■ Auf Floh- und Wochenmärkten finden Sie, mit etwas Geduld und Gespür, manch originelles Souvenir.

Haben Sie etwas zu verzollen?

Da ist es wieder, jenes kribbelige Gefühl in der Magengrube, wenn bei der Rückkehr der Schweizer Beamte nach zollpflichtigen Waren fragt. Klar ist: Schmuggeln lohnt sich nicht. Wer es trotzdem versucht und sich erwischen lässt, riskiert, tief in die Brieftasche greifen zu müssen.

Zöllner haben das Recht, jedermann aufzuhalten, zu durchsuchen, Fahrzeuge zu stoppen und diese und das Gepäck nach mitgeführten Waren zu kontrollieren. Bei besonderem Verdacht dürfen sie auch ein Fahrzeug ganz auseinander- und Personen festnehmen. Unter Umständen kann neben dem geschmuggelten Gut auch das Schmuggelfahrzeug eingezogen werden.

Darum: Lassen wir uns durch eine „krumme Tour" nicht unsere Ferien verderben.

Was ist für Heimkehrer zollfrei?

■ **Gebrauchte, persönliche Effekten,** die dem Reisenden gehören und nicht für den Weiterverkauf bestimmt sind, wie Kleider, Toilettensachen usw. Neue oder anscheinend neue Artikel lässt man am besten vor der Abreise vom Zollamt kennzeichnen, dass sie in der Schweiz hergestellt bzw. gekauft wurden (Quittungen mitnehmen!).

■ **Reiseproviant** (einschliesslich alkoholfreie Getränke) in der Menge, die dem normalen Tagesbedarf einer Person entspricht.

■ **Alkoholische Getränke**
Bis zu 15 Grad Alkoholgehalt: 2 Liter zollfrei, über 15 Grad Alkoholgehalt: 1 Liter zollfrei (gültig ab 1. 6. 1984). Die Freimengen werden pro Tag nur einmal gewährt. Wenn Sie mehr Wein mitnehmen möchten, müssen Sie auf alles, was über die Freigrenzen hinausgeht, die Umsatzsteuer von 6,2% und die Zollgebühren bezahlen. Die Zollgebühr beträgt bei Weiss- und Rotweinen bis 20 kg brutto: Fr. −.50 je Kilo. Rotwein: 20 bis 200 kg brutto: Fr. 1.50 je Kilo.

170

Weisswein: Mengen ab 20 Kilo bedürfen einer Einfuhrbewilligung der Eidg. Oberzolldirektion.

Für Wein in Flaschen und anderen Gefässen mit mehr als einem Liter Inhalt gelten besondere Bestimmungen. Der Wein muss persönlich getrunken oder verschenkt werden; Sie dürfen ihn nicht verkaufen. Die Freimengen werden pro Tag nur einmal, an Reisende die über 17 Jahre alt sind, gewährt.

■ Tabakwaren

Zigaretten: 200 Stück zollfrei
Zigarren: 50 Stück zollfrei
Pfeifentabak: 250 Gramm zollfrei
Die Freimengen werden pro Tag nur einmal, an Reisende die über 17 Jahre alt sind, gewährt.

■ Andere Waren

Sofern sich der Reisende mindestens 24 Stunden im Ausland aufgehalten hat, kann er Waren bis zu einem Detailverkaufswert von Fr. 200.– (unter 17 Jahren bis Fr. 100.–) abgabefrei einführen. Die gleichzeitig eingeführten Einzelteile eines Ganzen gelten als *ein* Gegenstand; übersteigt ihr Wert zusammen Fr. 200.– bzw. Fr. 100.–, sind sie abgabepflichtig. Gegenstände und Wareneinheiten mit einem Wert über Fr. 200.– bzw. Fr. 100.– sind auch dann zollpflichtig, wenn sie von mehreren miteinander einreisenden Personen gemeinsam eingeführt werden.

Besondere Vorschriften gelten für *Feuerwaffen* sowie *für Fleisch- und Fischwaren*.

Reiseandenken

In fernen Ländern locken unzählige exotische Souvenirs zum Mitnehmen, allen voran Tiere und aus Tieren hergestellte Artikel. Dieser schwungvolle Handel trägt wesentlich zur Gefährdung zahlreicher Tierarten bei. Das *Washingtoner Tierschutzabkommen*, dem bis heute 67 Staaten beigetreten sind, versucht diese Entwicklung aufzuhalten.

Um bei der Heimkehr nicht böse Überraschungen zu erleben, erinnere man sich, dass *folgende Einfuhren verboten sind:*

■ Lebende Tiere

– alle Wildtiere (ausgenommen Aquarienfische), insbesondere:
– Affen und Halbaffen

— süd- und mittelamerikanische Papageien
— Hühner- und Entenvögel
— alle vom Aussterben unmittelbar bedrohten Arten

■ **Tote Tiere, Erzeugnisse von Tieren**
— Teile und Erzeugnisse von Tieren geschützter Arten bedürfen einer Einfuhrbewilligung (erhältlich beim Bundesamt für Veterinärwesen in Bern).
— Bestimmte Warenkategorien wie Pelzfelle, Reptilleder und -lederwaren, Elfenbein, Schildpatt, Jagdtrophäen und zoologische Sammlungsstücke, besonders aber Felle geschützter Grosskatzen, Häute und Lederwaren bestimmter Krokodile und Echsen sowie Panzer von Meerschildkröten und daraus gefertigte Artikel dürfen nicht eingeführt werden.

■ **Wildpflanzen**
Rund 30 000 Pflanzenarten wurden zum Schutze vor Sammlern und schlecht informierten Touristen ins Washingtoner Artenschutzabkommen aufgenommen. Es sind dies vor allem Orchideen und Kakteen sowie gewisse Sukkulenten, Palmen und Farne, die ohne Bewilligung nicht eingeführt werden dürfen.

■ **Haustiere**
Für Hunde und Katzen, die eingeführt werden, muss ein tierärztliches Zeugnis vorliegen, mit dem Nachweis einer Tollwut-Schutzimpfung, die mindestens 30 Tage vor dem Grenzübertritt erfolgt sein muss und nicht älter als ein Jahr sein darf. Diese Vorschrift gilt auch für Hunde und Katzen, die nach vorübergehender Ausfuhr wieder in die Schweiz zurückkehren (siehe S. 192).
Merkblätter mit diesen — und auch allen übrigen — Bestimmungen können gratis bei jedem Zollamt bezogen werden.

Wieder zu Hause

Paradies mit Fehlern:
Rechtliche Überlegungen zu Pauschalreisen

Etwa 15 bis 20 Prozent der Schweizer nehmen jährlich an Pauschalreisen teil. Sie gehören zu jenen, die froh sind, wenn ihnen der Reiseveranstalter die Vorbereitung und Organisation einer Reise abnimmt, denn viele Berufstätige haben dafür keine Zeit. Tausende sind Jahr für Jahr „organisiert" unterwegs, sind zufrieden und fühlen sich wohl dabei. Die Auseinandersetzungen beginnen erst, wenn Fehl- oder Minderleistungen die Ferien getrübt haben. Die Zahl der Reklamationen nimmt zu, denn die Touristen sind nicht nur kritischer, sondern teilweise auch kleinlicher geworden.

Ein eigentliches Touristenrecht gibt es in der Schweiz nicht; es gelten die Bestimmungen des Obligationenrechtes (OR). Die Beziehungen zwischen Touristen und Reisebüros können (etwas vereinfacht) auf zwei Kategorien aufgeteilt werden:

■ Beim Vermitteln von einzelnen Leistungen Dritter (Reservationen von Hotelzimmern, Flug- und Bahntickets, Autovermietung usw.) übernimmt das Reisebüro lediglich das Mandat des Touristen und führt dessen Auftrag aus (OR 394 bis 406). Es haftet nicht, falls der Dritte die Leistungen nicht korrekt erbringt, es sei denn, man könne dem Reisebüro nachweisen, seine eigene Sorgfaltspflicht verletzt zu haben. (Beispiel: Buchung eines Flugtickets bei einer Gesellschaft, die kurz vor dem Konkurs steht, was dem Reisebüro bekannt war.)

■ Wird hingegen eine Reise als Gesamtpaket verkauft, bestehend aus Transport, Unterkunft, Verpflegung, Reiseleitung usw., dann handelt es sich um einen Reiseveranstaltungsvertrag. Dies ist ein gemischtes Vertragsverhältnis, indem Elemente verschiedener Vertragstypen zu einer neuen Einheit verschmelzen und zu einem einheitlichen Preis angeboten werden. Der Reiseveranstalter (Tour Operator) verpflichtet sich damit, die Reise gemäss den im Katalog und Programm zugesicherten Leistungen durchzuführen. Er haftet für vertragsgemässe Erfüllung.

Veranstalter oder Verkäufer?

Viele Reisebüros bieten allerdings keine eigenen Pauschalreisen, sondern nur die Programme der grossen Veranstalter an. Sie sind somit Wiederverkäufer. Unterlassen sie es, die Kunden klar auf den Tour Operator und dessen allgemeine Bedingungen hinzuweisen, haften sie gegenüber dem Kunden. Meist ist allerdings der Reiseveranstalter bekannt, und an ihn muss sich der Tourist halten, falls bei der Durchführung etwas nicht klappt.

Das Wichtigste — neben der Reise selbst — sind die allgemeinen Bedingungen, welche in den Katalogen und Prospekten zu finden sind und welche die Rechte und Pflichten beider Parteien klar beschreiben. Diese Bedingungen sind jedoch nur verbindlich, wenn der Kunde ausdrücklich darauf verwiesen wird. Das zeigt die neuere Gerichtspraxis. So verneinte beispielsweise das Obergericht des Kantons Luzern die Anwendbarkeit der allgemeinen Bedingungen, weil die Kundin S., die wegen Krankheit eine gebuchte Reise kurzfristig absagen musste und die Bezahlung der 900 Franken Annullationsspesen verweigerte, nicht „ausdrücklich und in nicht zu übersehender Weise" auf diese Bedingungen aufmerksam gemacht worden war.

Wird jedoch der Tourist — zum Beispiel in der Buchungsanmeldung oder in der Auftragsbestätigung — auf diese allgemeinen Bedingungen verwiesen, dann kann er sich nicht darauf hinausreden, sie nicht studiert zu haben. Sie gelten auch für ihn.

Minderwert ja oder nein?

Nachdem der Reiseveranstalter für die korrekte Vertragserfüllung haftet, hat der Tourist Anspruch auf Vergütung eines Minderwertes, falls fest zugesicherte Leistungen nicht oder nur ungenügend erbracht werden. Doch längst nicht jedes vom Reisenden als Mangel empfundene Ereignis berechtigt zu einer Entschädigung. Hat zum Beispiel das Hotelzimmer statt Meersicht Ausblick auf einen Hinterhof, kann eine Preisreduktion nur verlangt werden, wenn die Meersicht schriftlich bestätigt worden war.

Wenn der Kellner im Hotel an der Adria während der Hauptsaison sehr unfreundlich ist und die Menükarte wenig Abwechslung bringt, das Zimmermädchen in Tunesien die Wäsche nicht täglich wechselt oder die Dusche im Appartement in Griechenland nur sporadisch funktioniert, dann kann dafür der schweizerische Veranstalter kaum haftbar erklärt werden. Solche Erfahrungen gehören leider zum Massentourismus wie Flugverspätungen, lärmige Hotels und überfüllte Speisesäle.

Der Mangel muss erheblich sein und sich auf eine zugesicherte Leistung oder Eigenschaft beziehen, damit der Tourist Anspruch auf Rückvergütung durchsetzen kann.

Musik wird oft als Lärm empfunden

Wie schnoddrig einzelne Reiseveranstalter mit ihren Kunden umgehen, musste Peter I. erfahren. Er hatte für sich, seine Frau und die 6jährige Tochter ein Hotelzimmer in Mallorca gebucht. Direkt unter seinem Zimmer wurden die Lautsprecher-Boxen für das abendliche Terrassenkonzert montiert. Fünfmal pro Woche raubte die Discomusik der Familie den Schlaf. Die Reiseleiterin bemühte sich nicht um ein anderes Zimmer, und der Veranstalter antwortete salopp: „Sie werden sicher verstehen, dass in einem Ferienhotel für die Unterhaltung der Gäste Musik gemacht werden muss. Das Zimmer ist in keiner Weise minderwertig, weshalb wir auch keine Rückerstattung machen können."

Genugtuung für verpfuschte Ferien?

Grundsätzlich kennt das schweizerische Recht keinen Anspruch auf Genugtuung für verdorbene Ferien, im Gegensatz zur Bundesrepublik, wo der Bundesgerichtshof aufgrund des Reisevertragsgesetzes dem Urlaub einen Vermögenswert zuerkannt hat. Zu diesen durch den Pauschaltourismus auch in der Schweiz aktuellen Problemen, äusserte sich im November 1980 erstmals das Obergericht des Kantons Zürich. Es bejahte die Frage, ob der Reisende Anspruch auf Schadenersatz habe, wenn der Zweck der Ferien (die Erholung) wegen eines durch den Veranstalter oder Vermittler zu verantwortenden Mangels nicht habe erreicht werden können. Im konkreten Fall hatte Peter S. über die Weihnachts- und Neujahrstage einen Retourflug nach Colombo (Sri Lanka) unter der Bedingung gebucht, dass er für diese Zeit ein Hotelzimmer an der Küste erhalte. Obwohl ihm die Reservation vom Reisebüro bestätigt worden war, war im fraglichen Hotel kein Zimmer für ihn reserviert; er musste selbst eine Unterkunft suchen und die Ferien in einem lärmigen Zimmer inmitten der Hauptstadt verbringen. Nur in einem umfangreichen Beweisverfahren hätte abgeklärt werden können, ob das Reisebüro seine Sorgfaltspflicht verletzte oder ob der Fehler beim Hotel lag. Die beiden Parteien einigten sich daraufhin in einem (für den Touristen wenig vorteilhaften) Vergleich.

Die 1980 vom Zürcher Obergericht angestellten Überlegungen kamen dafür dem querschnittgelähmten André S. zugute, der eine einwöchige Pauschalreise gebucht hatte, nachdem ihm das Reisebüro die Rollstuhlgängigkeit des Hotels bestätigte. Doch sowohl Hotel wie Dépendance waren nur über mehrere Stufen erreichbar, was André S. veranlasste nach Hause zurückzufliegen und das Reisebüro einzuklagen. Das Bezirksgericht schützte seine Forderung auf Rückzahlung des Arrangementbetrages und billigte ihm zudem einen Schadenersatz von 200 Franken zu. Es hielt fest: „Dass André S. eine Ferienwoche nutzlos geopfert hat, ist ohne weiteres klar. Wenn er dafür Fr. 200.— Genugtuung geltend macht, so ist dies jedenfalls angemessen."

Was tun, wenn etwas nicht klappt?

Tausende, ja Hunderttausende buchen Jahr für Jahr ihre Ferien bei einem der vielen Reisebüros und haben nie Anlass zu Reklamationen. Für den „Fall eines Falles" aber ist es wichtig zu wissen, was vorzukehren ist. Allerdings ist es unmöglich, die ganze Palette eventueller Zwischenfälle aufzuzeigen, doch sollen die häufigsten Probleme kurz beleuchtet werden:

■ *Die telefonische Buchung stimmt mit der schriftlichen Auftragsbestätigung nicht überein:*
Missverständnisse sind am Telefon nicht auszuschliessen. Beide Parteien haben das Gespräch anders in Erinnerung. Obwohl eine mündliche Buchung gültig ist — das Gesetz schreibt für das Zustandekommen eines Reiseveranstaltungsvertrages keine Schriftform vor —, muss der Reiseveranstalter den Abschluss des Vertrages und die Anerkennung der allgemeinen Bedingungen durch den Kunden beweisen. Eine sofort zugestellte Buchungsbestätigung durch das Reisebüro ist Voraussetzung, dass auch der Kunde die Möglichkeit hat, eventuelle Missverständnisse unverzüglich auszuräumen. Wer auf eine Auftragsbestätigung nicht sofort nach Erhalt reagiert, kann nicht Tage oder Wochen später behaupten, er habe sich am Telefon nur informieren, aber nicht buchen wollen.

Offerte oder Auftrag?
Missverständnisse am Telefon sind oft Anlass für Auseinandersetzungen, und keine der beiden Parteien kann ihre eigenen Aussagen beweisen. Otto B. verlangte telefonisch einige Angaben über Preise und Flugtermine ab Australien für Verwandte, die in drei Monaten in die Schweiz kommen wollten. Die schriftliche Offerte holte er direkt im Reisebüro ab und schickte sie nach Australien. Als die Reise nicht zustande kam, verlangte das Reisebüro von Otto B. zuerst 1000 und dann 500 Franken für Stornogebühren, die dieser nicht bezahlte, weil seiner Meinung nach eine definitive Buchung nie erfolgt war.

■ *Der Arrangementpreis wird nach der Buchung erhöht:*
Die Reiseveranstalter behalten sich Preisänderungen vor, denn zwischen Drucklegung und Reisetermin verstreichen Wochen und Monate, in denen einiges passieren kann: zum Beispiel Änderungen im Wechselkurs, bei Preiserhöhungen von Treibstoffen oder Transporttarifen usw. Solche Aufschläge kann der Veranstalter weiterverrechnen, und Sie müssen diese bis zu einer gewissen Höhe akzeptieren. Die Vertragserfüllung zum vereinbarten Preis können Sie nicht verlangen. Einzelne Veranstalter räumen bereits in den allgemeinen Bedingungen das Recht zum Rücktritt ein, falls die Erhöhung 10 Prozent des Gesamtpreises überschreitet. Eine klare und vernünftige Regelung!

■ *Eine Reise wird wegen ungenügender Beteiligung durch den Veranstalter abgesagt:*
Auch dies muss sich ein Veranstalter vorbehalten können, doch sollten die Absagen spätestens drei Wochen vor dem Abreisetermin erfolgen, damit der Kunde Zeit hat, anderweitig zu disponieren. Diesen dreiwöchigen „Absage-Termin" sichern einzelne Veranstalter in den Bedingungen zu. Geleistete Anzahlungen sind sofort zurückzuerstatten. Was Veronika G. erlebte, ist eher aussergewöhnlich: ihre bereits im März für September gebuchte Türkei-Reise wurde 9 Tage vor Abflug telefonisch annulliert, und fünf Wochen später hatte Veronika G. die Anzahlung von 2000 Franken immer noch nicht zurückbekommen.

■ *Die vereinbarte Abflugzeit wird nicht eingehalten:*
Bei Charter- und Sonderflügen kommen Verspätungen öfter vor als bei Linienflügen. Die Fluggesellschaften schliessen Haftungsansprüche wegen Verspätung international aus. Bei Pauschalreisen ist der

179

Veranstalter aber verpflichtet, die Reisenden rechtzeitig zu informieren und sich um sie zu kümmern. Die mangelhafte Betreuung kam Reiseveranstalter C. teuer zu stehen. Josef M. hatte für seine Familie drei Arrangements auf einer Antillen-Insel gebucht, die kurz vor seiner Abreise von Wirbelstürmen heimgesucht worden war. Als der Veranstalter ihm mitteilte, der Flug finde vereinbarungsgemäss statt, fand sich Josef M. mit Frau und Tochter auf dem Genfer Flughafen ein. Doch der Abflug verzögerte sich Stunde um Stunde, ohne dass die wartenden Touristen verlässliche Informationen erhielten. Als sie nach mehr als 8 Stunden ohne nähere Erläuterungen aufgefordert wurden, den Bus nach Basel zu besteigen, verzichtete Josef M. auf die Reise und verlangte den vollen Preis von 6'900 Franken zurück. Der Veranstalter lehnte ab unter Berufung auf die allgemeinen Bedingungen, die eine Programmänderung zuliessen. Damit hatte er jedoch beim Genfer Zivilgericht keinen Erfolg, denn diese Bedingungen stellen nach dessen Meinung keine verbindlichen Vertragsteile dar, solange weder in der Auftragsbestätigung noch im Reiseprogramm darauf verwiesen werde. Zudem seien die zum Reiseveranstaltungsvertrag gehörenden Leistungen wie Information und Betreuung nicht erbracht worden, was Josef M. das Recht gegeben habe, vom Vertrag zurückzutreten. Der Reiseveranstalter C. musste den ganzen Betrag zurückzahlen und alle Gerichts- und Anwaltskosten übernehmen.

■ *Das Reisebüro teilt Ihnen kurz vor der Reise mit, dass das gewählte Hotel überbucht sei, und offeriert Ihnen gleichzeitig eine andere Unterkunft:*
Hat sich der Reiseveranstalter Änderungen vorbehalten und Sie deutlich auf die allgemeinen Bedingungen hingewiesen (in der Auftragsbestätigung), dann können Sie nur dann vom Vertrag zurücktreten, wenn das Ersatzhotel ungünstiger gelegen ist oder einer niedrigeren Preiskategorie angehört. Theorie und Praxis liegen hier allerdings weit auseinander, denn den meisten Touristen bleibt in einer solchen Situation überhaupt nichts anderes übrig, als das Alternativangebot anzunehmen. Wer kann schon kurzfristig die Ferien verschieben oder selbst etwas anderes finden? Ist das Ersatzhotel eindeutig schlechter, haben Sie Anspruch auf eine Entschädigung für den Minderwert. Allgemein sind die Reiseveranstalter bei Überbuchungen, die oft auf das Konto unverantwortlicher Hoteliers gehen, grosszügig und logieren ihre Kunden eher in besseren als in schlechteren Hotels ein. Doppelbuchungen schaden nicht nur dem Image des Reiseveranstalters, sondern vor allem jenem des Reiselandes.

Das hat man zum Beispiel auch in Griechenland erkannt und ein neues Gesetz erlassen, das Hoteliers hart anpackt, wenn ihnen Doppelbuchungen nachgewiesen werden können.

■ *Schriftlich zugesicherte Einrichtungen fehlen und bestätigte Leistungen werden nicht erbracht:*
Auch wenn ein Schwimmbad oder ein Tennisplatz für die Wahl eines Hotels ausschlaggebend war, ist der Minderpreis dafür sehr gering, weil er im Verhältnis zur Gesamtsumme gesehen werden muss. Was immer auch die Mängel sind, der für das Hotel oder die Region zuständige Vertreter des schweizerischen Veranstalters ist sofort an Ort und Stelle zu informieren. Kann er nicht für Abhilfe sorgen, verlangen Sie von ihm eine Bestätigung Ihrer Beschwerde. Beschaffen Sie sich bei wesentlichen Mängeln Beweise in Form von schriftlichen Zeugenaussagen anderer Mitreisender oder Fotografien. Eine Vergütung für nicht erbrachte Leistungen können Sie nur fordern, wenn Sie sich an Ort und Stelle beschwert und dem Reiseleiter die Möglichkeit zur Abhilfe eingeräumt haben. Wer sich während zwei Wochen mit einem erheblichen Mangel abfindet und nur die Faust im Sack macht, hofft zu Hause vergebens auf eine Entschädigung.

■ *Das Reiseprogramm wird unterwegs abgeändert:*
Auch hier gilt: Sofort reklamieren und mit dem Reiseleiter sprechen. Bei grösseren Rundreisen sind Änderungen unvermeidlich. Sie geschehen oft im Interesse der Touristen, wenn sich beispielsweise bei einer früheren Gruppe gezeigt hat, dass ein gewähltes Ausflugsziel auf wenig Interesse stösst oder die dortigen Leistungen ungenügend sind. Anspruch auf Minderwert haben Sie auch hier nur, wenn wesentliche Programmteile unbegründet und vor allem ersatzlos gestrichen werden.

■ *Das Reisebüro vergütet den Minderwert in Form eines zeitlich begrenzten Gutscheins, der Sie zwingt, innert ein bis zwei Jahren beim selben Veranstalter erneut zu buchen:*
Ist die Vertragsverletzung oder Minderleistung klar beweisbar und hat der Reiseveranstalter sie auch in seiner Antwort anerkannt, brauchen Sie sich nicht mit Gutscheinen abspeisen zu lassen. Sie haben Anspruch auf Barauszahlung. Ist hingegen Ihr Anspruch auf eine Minderleistung nicht eindeutig nachgewiesen und offeriert Ihnen der Reiseveranstalter sozusagen als Kulanzentschädigung für kaum messbare und vor allem für nicht durch ihn vertretbare Mängel einen Gutschein, dann werden Sie ihn annehmen müssen. Grund-

sätzlich aber gilt, dass Reiseveranstalter kurzsichtig handeln, wenn sie unzufriedene Kunden mit Gutscheinen an sich „binden" wollen, denn sie werden dadurch nicht zufriedener!

■ *Kurz vor der Abreise teilt Ihnen das Reisebüro mit, es sei bei der Buchungsbestätigung ein Berechnungsfehler passiert, und verlangt von Ihnen eine Nachzahlung von 300 Franken:*
Handelt es sich um einen reinen Rechnungsfehler (falsche Addition verschiedener Positionen auf der Auftragsbestätigung), dann müssen Sie die Nachzahlung leisten, denn Rechnungsfehler sind nach Artikel 24, Absatz 3 OR zu korrigieren. Sie hätten den Fehler ja auch merken können. Sind hingegen dem Reisebüro bei der internen Kalkulation des Arrangements Fehler unterlaufen und wird in der Auftragsbestätigung nur der Pauschalbetrag genannt, dann ist der Vertrag mit dem falschen Preis zustandegekommen, den Sie durch Bezahlung anerkannten. Beide Parteien sind daran gebunden und der Reiseveranstalter kann den Vertrag nicht wegen Irrtum auflösen. Ist jedoch der Rechnungsfehler so gross, dass auch der buchende Tourist merken muss, dass mit dem Preis etwas nicht stimmen kann (Kenia-Safari für 500 statt 1500 Franken), dann können Sie nicht auf der Vertragserfüllung zum falschen Preis beharren. Unter diesen Umständen kann sich der Reiseveranstalter auf Irrtum berufen und den Vertrag aufheben.

Was immer geschehen mag, tragen Sie es wenn möglich mit Gelassenheit und Toleranz. Auch Unerwartetes kann eine Reise bereichern, wenn man ihm mit der richtigen Gesinnung begegnet. Rennen Sie nicht gleich zum Kadi, denn Prozesse sind riskant und kostspielig. Formulieren Sie Ihre Beschwerde sofort nach der Rückkehr konkret, objektiv und sachlich unter Beilage von allfälligen Beweisdokumenten (Fotografien und schriftlichen Zeugenaussagen). Stellen Sie keine übertriebenen Forderungen, denn Sie haben nur Anspruch auf Vergütung der effektiven Minderleistung. Diese ist unter Berücksichtigung des Umstandes, dass bei den meisten Pauschalreisen die Flugkosten 40 bis 60 Prozent betragen, meist sehr gering. Drohen Sie nicht mit Veröffentlichungen in der Presse, denn damit erschweren Sie zum vornherein eine emotionslose Beurteilung Ihrer Beschwerde durch den Veranstalter. Suchen Sie durch Verhandeln eine für beide Seiten tragbare Regelung. Gelingt dies nicht, wenden Sie sich entweder an eine Konsumentenorganisation, den Reisebüroverband oder den Schweizerischen Beobachter. Sie alle vermitteln in derartigen Auseinandersetzungen. Adressen S. 212.

Kurzfassung einiger bis Ende 1983 ergangener Urteile in Sachen Pauschaltourismus

■ **Bus statt Flugzeug**

Wer eine viertägige Flugreise von Zürich nach Berlin bucht, muss eine kurzfristige Änderung vom Flugzeug zum Bus für die Teilstrecke Zürich – Stuttgart nicht akzeptieren und kann vom Vertrag zurücktreten. Ist das Transportmittel genau bestimmt, stellt es einen nicht unwesentlichen Bestandteil des Vertrages dar und kann nicht einseitig geändert werden. Der Kunde ist deshalb berechtigt, das bereits bezahlte Reisegeld zurückzufordern.

Kantonsgerichtspräsident Zug
11.5.1976

■ **Annullationskosten nicht geschuldet**

Kann ein Reisebüro nicht beweisen, den Kunden anlässlich der Buchung „ausdrücklich und in nicht zu übersehender Weise" auf die Existenz der allgemeinen Geschäftsbedingungen aufmerksam gemacht zu haben, kann es sich nicht darauf berufen und Annullationskosten verlangen, wenn der Kunde wegen Krankheit auf die Reise kurzfristig verzichtet.

Luzerner Obergericht
25.3.1980

■ **Rechtzeitig reklamieren**

Ein Minderwert wegen Lärm, schlechtem Zimmer, defekten Sportanlagen und anderen Mängeln kann nach der Rückkehr nicht geltend gemacht werden, wenn es sich um Ereignisse handelt, auf die der schweizerische Veranstalter keinen Einfluss hat und der Tourist an Ort und Stelle nicht um Behebung der Mängel ersuchte. Wer kurzfristig ein Zimmer in einem ihm bekannten Grosshotel (660 Zimmer) während der Hauptsaison bucht, das gemäss Katalog kinderfreundlich und mit Diskothek ausgerüstet ist, darf keine Oase der Ruhe erwarten. Da nützt auch der Hinweis auf dem Hotelgutschein „wenn möglich ruhige Lage" nichts.

Bezirksgericht Zürich
1.4.1980

■ **Frustrationsschaden**

Wer die Ferien nicht wie berechtigterweise erwartet am Badestrand, sondern in einer lärmigen Stadt verbringen muss, erleidet einen sogenannten Frustrationsschaden, für den der Veranstalter oder

Vermittler nach Artikel 97 OR haftet, falls ihm nachgewiesen werden kann, dass er seine Vertragspflicht (ein Hotelzimmer zu reservieren) nicht erfüllt hat.

Obergericht Zürich
13.11.1980

■ Information gehört dazu

Auf die allgemeinen Reisebedingungen im Katalog kann sich ein Veranstalter nicht berufen, wenn auf diese Bedingungen weder in der Auftragsbestätigung an den Kunden noch im Reiseprogramm verwiesen wird. Zum Pauschalarrangement gehört zudem nicht nur das Organisieren und Durchführen der Reise, sondern der Reiseveranstalter hat auch die Pflicht, im Falle von Schwierigkeiten, Programmänderungen usw., die Kunden wahrheitsgetreu zu informieren. Wer während Stunden auf einem Flughafen ohne Betreuung und ohne verlässliche Information gelassen und dann aufgefordert wird, mit dem Bus in einen anderen Flughafen zu fahren, der kann vom Vertrag zurücktreten und das Reisegeld zurückfordern, weil der Veranstalter seine Verpflichtungen nicht erfüllt hat.

Cour de Justice Civile, Genf
25.6.1982

■ Berechnung des Minderwertes

Der Minderwert eines billigeren Ersatzhotels kann naturgemäss nur geschätzt werden. Es ist zulässig, zur Berechnung des Schadenersatzes den Preis des Ersatzhotels aus dem Katalog eines anderen grösseren Veranstalters zum Vergleich herbeizuziehen. Die Hotelpreise sind nur dort einigermassen vergleichbar, wo auch die gleichen Flugverbindungen bestehen. Bei Badeferien wird üblicherweise der erste und letzte Tag für die Reise aufgewendet, so dass bei einem 14tägigen Aufenthalt die effektive Erholungszeit 12 Tage beträgt. Verkürzt sich diese Erholungszeit aufgrund eines zusätzlichen Zwischenhaltes (andere Flugroute), so ist der Schadenersatz für die Verminderung der Erholungszeit auf einen Zwölftel des Arrangementbetrages pro Tag festzusetzen.

Obergericht Zürich
12.8.1982

184

■ Haftung für zugesicherte Eigenschaften

Die Forderung auf Rückerstattung der Kosten des Pauschalbetrages ist berechtigt, wenn die Zusicherung der Rollstuhlgängigkeit des Hotels sich als falsch erwies. Das Reisebüro haftet gegenüber dem Kunden voll für diese gegebene Zusicherung, auch wenn es sich um ein Arrangement eines anderen Veranstalters handelt. Auch ist die zusätzliche Forderung auf Bezahlung von 200 Franken Genugtuung für eine nutzlos geopferte Ferienwoche durchaus angemessen.

Bezirksgericht Zürich
14.4.1983

Die Ferien sind zu Ende...
was nun?

■ Jede Rückkehr, besonders aber aus fernen Ländern mit beträchtlichem Zeit- und Klimaunterschied, bedeutet immer eine Umstellung. Planen Sie deshalb nicht zu knapp, im Gegenteil, geniessen Sie auch die Rückreise!

■ Wenn Sie mit dem Auto unterwegs sind, fahren Sie gemächlich. Kehren Sie per Bahn oder Flugzeug zurück, melden Sie Ihre Ankunftszeit; abgeholt zu werden ist immer schön.

■ Lassen Sie Ihre Ferien ausklingen! Erhalten Sie sich die getankte Energie und packen Sie den Alltag einmal ganz anders an: Feiern Sie zum Beispiel Ihre glückliche Heimkehr mit einem netten Tête-à-tête in einem gemütlichen Beizli.

■ Nicht sofort loslegen mit Koffer auspacken, waschen, Korrespondenz durchlesen. Für den Anfang ist eine niedrigere „Tourenzahl" angemessener.

■ Legen Sie die amtlichen Briefe und die grünen Scheine beiseite — es reicht, wenn Sie sich morgen mit ihnen beschäftigen.

■ Gönnen Sie sich in den ersten Tagen viel Schlaf. Beginnen Sie alle Aktivitäten bedächtig, denn Körper und Geist brauchen Zeit für die Umstellung. Wenn Sie langsam in Ihren Rhythmus zurückfinden, hält die Erholung länger an.

■ Vorsicht auch mit dem Essen: Stellen Sie sich nach und nach wieder auf den helvetischen Menü-Plan ein.

Unerwünschte Reiseandenken

Selbst wenn man gut erholt und scheinbar bei bester Gesundheit aus den Ferien zurückkehrt, können nach Tagen oder Wochen Gesundheitsstörungen auftreten. Dabei handelt es sich meistens um Infektionskrankheiten mit langer Inkubationszeit (Zeit von der Ansteckung bis zum Ausbruch der Krankheit).

Es ist wichtig, den Arzt auf die Vorgeschichte, d. h. die Reise oder den Aufenthaltsort aufmerksam zu machen, damit er auch die Möglichkeit einer hierzulande nicht vorkommenden Infektionskrankheit berücksichtigt.

Nach Tropenaufenthalten kommt es nicht selten vor, dass hinter einer scheinbaren Grippe eine *Malaria* steckt. Ferner muss gelegentlich mit der Erkrankung an Unterleibstyphus (typhus abdominalis) gerechnet werden.

Leider sind in erschreckend zunehmendem Masse auch Geschlechtskrankheiten ins Kapitel der unerwünschten Souvenirs einzureihen.

Touristen in unserem Land

Wir treffen beim Stadtbummel auf Ortsfremde. Sie sind mit Stadtplan und Reiseführer bewaffnet, sprechen eine fremde Sprache, am Bauch baumelt die Kamera − kein Zweifel: Touristen. Wieso sollten wir nicht spontan unsere Hilfe anbieten? Auch wir sind froh, wenn man uns im fremden Land bereitwillig Auskunft gibt. Selbst wenn es mit der gegenseitigen Verständigung hapert: Der Wille zu helfen überwindet die Sprachbarriere. Indem wir dem fremden Besucher aus der Patsche helfen, ihn zu Sehenswürdigkeiten führen, machen wir die beste Fremdenverkehrswerbung für unser Land. Aber mehr noch: Jeder Kontakt mit ausländischen Gästen gibt uns wieder Einblick in eine andere Welt und bereichert uns.
Besonders jungen Globetrottern gegenüber, die mit schmaler Kasse reisen und oft unter hygienisch armseligen Verhältnissen übernachten müssen, sollten wir tolerant sein.

Erinnerungen

Wie die Vorfreude auf kommende Reisen sich wohltuend auf Körper und Seele auswirkt, so ist auch die Erinnerung an gelungene Ferien wichtig. Das Zurückdenken an all die erlebnisreichen Tage im fernen Land wirkt wie Zündstoff auf uns, wenn der programmierte Trott uns wieder zu überrumpeln droht. Ferienerinnerungen, das sind nicht nur jene vollgestopften Fotoalben, das Dutzend Kassetten

187

mit Farbdias und die Handvoll Souvenirs, es gibt auch noch andere Erinnerungen, die es zu entdecken gilt:

■ Die Beschäftigung mit der Musik „unseres" Ferienlandes lohnt sich bestimmt — vielleicht können wir sogar am Radio einen Landessender ausfindig machen und uns so hin und wieder intensiver mit dem Tagesgeschehen auseinandersetzen.

■ Warum versuchen wir nicht die Landessprache zu erlernen? Auch wenn wir uns schon vor unserer Reise mit den wichtigsten Wendungen vertraut gemacht haben, ist es bestimmt nützlich unseren Wortschatz zu erweitern.

■ Wenn uns die Landesküche besonders gemundet hat, sollten wir unsern Menüplan um die besten Rezepte bereichern.

■ Je intensiver wir uns mit der Geschichte und der Kultur unseres Gastlandes auseinandersetzen, um so stärker bleiben unsere Eindrücke, und manches was wir gesehen und erlebt haben, wird so erst im nachhinein verständlich.

Die neuen Gewohnheiten

Meist werden wir im Ferienland mit unbekannten Sitten und Gebräuchen konfrontiert, von denen wir einige als sehr sympathisch empfinden. Wie beruhigend wirkt ein japanisches Tee-Zeremoniell, wie gemütlich ist es, bei Sonnenuntergang einen Ouzo zu schlürfen und dazu schwarzglänzende Oliven zu schnabulieren, wie lustig wird unsere Runde, wenn wir statt uns an den Tisch zu setzen, nach arabischer Sitte in einer wohlig-weichen Kissenlandschaft versinken! Aber es gibt noch andere, tiefergehende Gewohnheiten. Wie wäre es, wenn wir etwas von der Toleranz und der Gelassenheit unseres Ferienlandes importierten? Warum muss uns Arbeit stets Hektik und Stress bedeuten? Warum resultiert daraus Kontaktarmut statt das gegenseitige Gespräch? Sollten wir uns nicht viel mehr auf die wirklich wichtigen Dinge des Lebens konzentrieren, eine neue Beziehung zur Zeit und den Menschen um uns herum aufbauen, das Leben *leben*? Sicher kostet es einige Mühe, diese positiven, hierzulande etwas verkümmerten Eigenschaften beizubehalten, wenn wir den ungewohnten Rahmen des fremden Landes verlassen haben. Doch der Aufwand lohnt sich . . . für uns und unsere Umgebung.

Anhang

Bei diesen staatlichen Verkehrsbüros erhalten Sie Unterlagen über Ihr Ferienland:

Ägypten
Office d'Information et de
Tourisme de la République
Arabe d'Egypte
Rue Chantepoulet 11
1201 Genève
Tel. 022/32 91 32

Australien
Australian Tourist
Commission
Neue Mainzer Strasse 22
D-6000 Frankfurt am Main
Tel. 0049-611 23 50 71

Belgien
Belgisches Verkehrsbüro
Aeschenvorstadt 48
4051 Basel
Tel. 061/23 77 95

Brasilien
EMBRA-Tour
Am Hauptbahnhof 10
D-6000 Frankfurt
Tel. 0049-611 23 58 57

Bulgarien
Offizielles Bulgarisches
Verkehrsbüro
Steinmühleplatz 1
8023 Zürich
Tel. 01/221 27 77

China
Generalkonsulat
Chemin de Surville 11
1213 Genève
Tel. 022/92 25 48

Dänemark
Verkehrsbüro von
Dänemark und Island
Münsterhof 14
8001 Zürich
Tel. 01/211 90 23

Deutschland Bundesrepublik
Offizielles Deutsches
Verkehrsbüro
Talstrasse 62
8001 Zürich
Tel. 01/221 13 87

Deutsche Demokratische Republik
Reisebüro DDR
Postschliessfach 77
DDR-1026 Berlin
Tel. 00372-2154170

Finnland
Finnische Zentrale
für Tourismus
Schweizergasse 6
8001 Zürich
Tel. 01/211 13 40

Frankreich
Französisches Verkehrsbüro
Bahnhofstrasse 16
8022 Zürich
Tel. 01/211 30 85

Griechenland
Griechische Zentrale
für Fremdenverkehr
Gottfried-Keller-Strasse 7
8001 Zürich
Tel. 01/251 84 87

Grossbritannien
Britische Fremdenverkehrswerbung
Limmatquai 78
8001 Zürich
Tel. 01/47 42 97

Indien
Office National Indien du
Tourisme
Rue de Chantepoule 1−3
1201 Genève
Tel. 022/32 18 13

Irland
Verkehrsbüro von Irland
Lintheschergasse 17
8001 Zürich
Tel. 01/211 28 50

Israel
Offizielles Israelisches
Verkehrsbüro
Lintheschergasse 12
8001 Zürich
Tel. 01/211 23 44

Italien
Italienisches
Fremdenverkehrsamt ENIT
Uraniastrasse 32
8001 Zürich
Tel. 01/211 36 33

Japan
Office National du
Tourisme Japonais
Rue de Berna 13
1201 Genève
Tel. 022/31 81 40

Jugoslawien
Jugoslawisches Verkehrs-
büro
Limmatquai 70
8001 Zürich
Tel. 01/252 12 70

Kanada
Kanadische Touristen-
Information
Diberggasse 6–10
D-6000 Frankfurt am Main
Tel. 0049-611 28 01

Kenya
Kenya Generalkonsulat
Bleicherweg 30
8039 Zürich
Tel. 01/202 22 44

Korea
Korea National
Tourism Corporation
Postfach 343
8126 Zumikon
Tel. 01/918 08 82

Luxemburg
Botschaft von Luxemburg
Kramgasse 45
3011 Bern
Tel. 031/22 47 32

Malta
Konsulat von Malta
Kuttelgasse 1
8001 Zürich
Tel. 01/221 32 03

Marokko
Fremdenverkehrsamt Marokko
Graf-Adolf-Strasse 59
D-4 Düsseldorf
Tel. 0049-37 05 51

Mexiko
Délégation pour la Suisse
du Conseil National
du Tourisme du Mexique
73, rue de Saint-Jean
1201 Genève
Tel. 022/32 96 19

Neuseeland
Generalkonsulat von
Neuseeland
Case postale 84
1211 Genf
Tel. 022/34 95 30

Niederlande
Niederländisches Büro
für Tourismus
Talstrasse 70
8001 Zürich
Tel. 01/211 94 82

Norwegen
Norwegische Botschaft
Dufourstrasse 29
3005 Bern
Tel. 031/44 46 76

Österreich
Österreichische
Fremdenverkehrswerbung
Neugasse 247
8037 Zürich
Tel. 01/44 33 31

Philippinen
Botschaft der Philippinen
Hallwylerstrasse 34
3005 Bern
Tel. 031/43 42 11

Portugal
Office National
du Tourisme du Portugal
rue Céard 8
1204 Genève
Tel. 022/28 31 44

Rumänien
Rumänisches Informations-
büro
Talstrasse 58
8001 Türich
Tel. 01/211 17 30

Schweden
Schwedische Touristik-
Information
Wiesenstrasse 9
8008 Zürich
Tel. 01/69 41 30

Singapur
Singapore Tourist
Promotion Board
Bergstrasse 50
8032 Zürich
Tel. 01/252 53 65

Spanien
Spanisches Fremden-
verkehrsamt
Seefeldstrasse 19
8008 Zürich
Tel. 01/252 79 30

Sri Lanka
Generalkonsulat von
Sri Lanka
Rue de Moillebeau 56
1211 Genève 19
Tel. 022/34 93 40

Südafrika
South African Tourist Corp.
Lintheschergasse 12
8001 Zürich
Tel. 01/211 50 47

Tschechoslowakei
Cedok — Tschechoslowa-
kisches Verkehrsbüro
Uraniastrasse 34/2
8001 Zürich
Tel. 01/211 42 45

Türkei
Türkisches Generalkonsulat
Attaché für Fremden-
verkehrsangelegenheiten
Talstrasse 74
8001 Zürich
Tel. 01/221 08 10

Tunesien
Tunesisches Verkehrsbüro
Bahnhofstrasse 69
8001 Zürich
Tel. 01/211 48 30

UdSSR
Intourist S.A. pour le
tourisme étranger en
U.R.S.S.
Usteristr. 9/Löwenplatz
8001 Zürich
Tel. 01/211 33 55

Ungarn
Konsulat von Ungarn
Eigerplatz 5
3007 Bern
Tel. 031/45 13 55

USA
Embassy of the United
States of America
Consular Section
Jubiläumsstrasse 93/95
3005 Bern
Tel. 031/43 70 11

Zypern
Fremdenzentrale Zypern
Kaiserstrasse 13
D-6000 Frankfurt am Main
Tel. 0049-611 28 47 08

Ferienarten

Campingferien

Schweiz. Camping- und
Caravanning-Verband
Habsburgerstrasse 35
6003 Luzern
Telefon 041/23 48 22

Verband Schweiz. Campings
Bertastrasse 72
8003 Zürich
Telefon 01/463 03 44

Touring-Club der Schweiz
9, rue Pierre Fatio
1211 Genf 3
Telefon 022/37 12 12

Ferien auf dem Bauernhof

Buchungszentrale
Ferien auf dem Bauernhof
Postfach 423
6030 Ebikon
Telefon 041/36 87 80

191

Fédération du tourisme
rural de Suisse romande
c/o Office du tourisme
1530 Payerne
Telefon 037/61 61 61

Landdienst

Schweiz. Landdienst
Zentralstelle
Bahnhofplatz 1
8001 Zürich
Telefon 01/211 88 07

Ferienjobs im Ausland

Mitarbeit in Kinderlagern im Ausland
vermittelt:

CVJM/F-Bundessekretariat
Florastrasse 21
4600 Olten
Telefon 062/26 62 26

Informationen über
Kibbuz-Aufenthalte erteilt das

Offizielle Israelische Verkehrsbüro
Linthescherstrasse 12
8001 Zürich
Telefon 01/211 23 44

Tips und Tricks zum Thema
Ferienjob enthalten folgende
Broschüren:

— Griffith Susan, Work Your Way
Around the World, ca. Fr. 25. —
— Directory of Summer Jobs Abroad,
ca. Fr. 23. —
— The International Directory of
Voluntary Work, ca. Fr. 35. —
Verlag Vacation Work, Oxford,
England.

Wohnungstausch

INTERVAC
Internationaler Wohnungstausch
Reherstrasse 6A
9016 St. Gallen
Telefon 071/35 49 10

Gesundheitsferien

Schweizerische Vereinigung
der Klimakurorte
Rue de la Gare 2
Case postale 122
1820 Montreux
Telefon 021/62 32 20

Verband Schweizer Badekurorte
Postfach 142
7310 Bad Ragaz
Telefon 085/9 01 61

Ferien und Reisen mit Kindern

Klub kinderfreundlicher Hotels
Wiesenstrasse 7
8008 Zürich
Telefon 01/251 80 48

Seniorenferien

geriberz Reisen AG
Zwyssigstrasse 49
5430 Wettingen
Telefon 056/27 01 01

Kuoni Senioren-Reisen
Ob. Greibengasse 13
4500 Solothurn
Telefon 065/22 34 20

Ein Verzeichnis von seniorenfreund-
lichen Hotels erhalten Sie beim:
Schweizer Hotelier-Verein
Monbijoustrasse 130
3001 Bern
Telefon 031/50 07 11

Empfehlenswerte Literatur:
Ingo Füsgen, Reisen im Alter
dtv-Taschenbuch, ca. Fr. 13. —

Ferien für Behinderte

Schweizerischer Invalidenverband
Frohburgstrasse 4
4600 Olten
Telefon 062/32 02 62

Schweizerische Arbeitsgemeinschaft
für Körperbehinderte (SAK)
Feldeggstrasse 71
8032 Zürich
Telefon 01/251 05 31

Ferien mit oder ohne Haustiere

Auskünfte erteilen Ihnen die
kantonalen Tierschutzvereine. Die
Adressen der einzelnen Sektionen
erhalten Sie beim
Schweizer Tierschutz
Birsfelderstrasse 45
4052 Basel
Telefon 061/41 21 10

Grenzpapiere für Hunde und Katzen

Stand 1983	Tollwut-Impf-zeugnis erforderlich	Impfung vor höchstens | mindestens Monaten		Amtsärztl. Gesundheits-zeugnis nicht älter als
Belgien	A	1	12^3	14 Tage
Bulgarien	B	1	12^3	14 Tage
Deutschland BRD	A	1	12	
CSSR	B		12	2 Tage
Dänemark	B	1	12	
Finnland				^{4}
Frankreich	A^2	1	12	
Griechenland	A	14 Tage	12	14 Tage
Grossbritannien				^{4}
Italien	A	1	11	30 Tage
Jugoslawien	B	14 Tage	6	14 Tage
Luxemburg	A	1	12^3	
Niederlande	A	1	12^3	
Norwegen				^{4}
Österreich	A	1	12	
Portugal	A*	1	12^3	$1-2$ Tage^1
Rumänien	B	1	12	10 Tage
Schweden				^{4}
Schweiz	A	1	12	
Spanien	A*	1	12	14 Tage^1
Ungarn	B	1	12	10 Tage
USA	A	1	12	30 Tage

A = vom Tierarzt
B = vom Amtstierarzt bzw.
    amtlich beglaubigt
* muss konsularisch beglaubigt sein

[1] = mit Übersetzung
[2] = unter 3 Monate alte Tiere verboten
[3] = Katzen 6 Monate
[4] = 4−6 Monate Quarantäne

Alle Angaben ohne Gewähr; sie beruhen auf Durchschnittserfahrungen von reisen-den Hundehaltern. Zwischen Theorie (Vorschriften von Amtsstellen des betreffenden Reiselandes) und der Praxis bei der Kontrolle durch die Zollorgane treten immer wieder Unterschiede auf.

Ferien zu Hause

Informationsblätter über
Sportmöglichkeiten, kulturelle
Veranstaltungen usw. sind erhältlich
bei:
Schweizerische Verkehrszentrale
Bellariastrasse 38
8027 Zürich
Telefon 01/202 37 37

Informationsblätter
gibt es unter anderem zu folgenden
Themen:
— Theater
— Konzerte
— Tennishallen
— Golfplätze
— Sommerskigebiete
— Windsurfschulen
— Segelschulen
— Reitschulen
— Kunsteisbahnen
— Natureisfelder
— Hundeloipen
— Schlittelwege
— Skikindergärten
— Kinderhütedienste
— Wohnmobilvermieter
— Schlankheitskuren
— Kneippkuren
— Vegetarische Restaurants
— Botanische Gärten
— Zoologische Gärten
— Wanderungen zu Wasserfällen
— Flohmärkte
— Aussichtstürme
— Schulferientermine
— Osterveranstaltungen
— Weihnachtsveranstaltungen
— 1.-August-Feiern
— Grosse Ereignisse der Zukunft

Hoch in den Lüften

Für Fluginformationen wenden Sie sich
am besten an:

Flughafen Zürich-Kloten
8058 Zürich-Flughafen
Telefon 01/812 71 11

Flughafen Genf-Cointrin
Case postale 319
1215 Genf
Telefon 022/99 36 70

Flughafen Basel-Mulhouse
Postfach
4030 Basel
Telefon 061/57 31 11

Schienentips

SBB-Reisedienst
Hauptbahnhof
8001 Zürich
Telefon 01/211 87 67

Autoferien

Automobil-Club der Schweiz
Wasserwerkgasse 39
3000 Bern
Telefon 031/22 47 22

Touring-Club der Schweiz
9, rue Pierre-Fatio
1211 Genf 3
Telefon:
— Sekretariat   022/37 12 12
— Strasseninformation und
Alarmzentrale Schweiz   022/35 80 00
— Alarmzentrale
vom Ausland her   022/36 44 44
— Pannenhilfe   140

Verkehrs-Club der Schweiz
Bahnhofstrasse 8
3360 Herzogenbuchsee
Telefon 063/61 51 51

Empfehlenswerte Literatur:
Peter Stein/Josef Rennhard
Unfall — was nun?
Die Haftung bei Verkehrs-, Betriebs-
und Nichtbetriebsunfällen. Ver-
sicherungsschutz — Arzthaftpflicht —
Sozialversicherungen — Vorsorge.
Beobachter-Ratgeber Fr. 18.— (Juni
84).

In der Ferienwohnung

REKA
Schweizer Reisekasse
Neuengasse 15
3001 Bern
Telefon 031/22 66 33

Schweiz. Gemeinnützige Gesellschaft
Brandschenkestrasse 36
8039 Zürich
Telefon 01/201 17 34

Schweiz. Verein für
Familienherbergen
Balkenweg 23
4460 Gelterkinden
Telefon 061/99 17 47

Vorbereiten

Reiseliteratur

Atlas Reisebuchladen AG
Schauplatzgasse 31
3011 Bern
Telefon 031/22 90 44

Buchhandlung Bider
Steinenvorstadt 79
4051 Basel
Telefon 061/23 00 69

Librairie Payot S.A.
1, rue de Bourg
1002 Lausanne
Telefon 021/20 33 31

Buchhandlung am Rösslitor
Webergasse 5
9001 St. Gallen
Telefon 071/22 78 26

Buchhandlung Barth & Co.
Bahnhofstrasse 94
8023 Zürich
Telefon 01/211 42 52

Buchhandlung Orell Füssli
Pelikanstrasse 10
8022 Zürich
Telefon 01/211 80 11

Travel Book Shop
Seilergraben 11
8001 Zürich
Telefon 01/252 38 83

Buchhandlung Balmer
Neugasse 12
6301 Zug
Telefon 042/21 47 35

Ferienmedizin

Den «Medizinischen Reiseratgeber»
erhalten Sie durch die
Schweizerische Stiftung
für Gesundheitserziehung
Nelkenstrasse 15
8006 Zürich
Telefon 01/363 08 22

Tropen Tips

Von der Weltgesundheitsorganisation
(WHO) anerkannte Impfzentren:

Basel
Schweizerisches Tropeninstitut,
Socinstrasse 57
4057 Basel
Telefon 061/ 23 38 96

Bellinzona
Ospedale San Giovanni, Pronta
Soccorso
6500 Bellinzona
Telefon 092/25 03 33

Bern
Inselspital, Medizinische Poliklinik,
Freiburgstrasse 3
3010 Bern
Telefon 031/64 25 25

Genf
Institut d'Hygiène de l'Université, Quai
Cheval Blanc 2
1227 Genève
Telefon 022/43 80 75

Lausanne
Polyclinique Médicale Universitaire,
Rue César Roux 19
1005 Lausanne
Telefon 021/20 90 48

Luzern
Kantonsspital, Spitalzentrum,
1. Stock, Personalarzt
6004 Luzern
Telefon 041/25 11 25

St. Gallen
Institut für medizinische
Mikrobiologie, Frohbergstrasse 3
9000 St. Gallen
Telefon 071/26 35 55

Zürich
Impfzentrum, Gloriastrasse 30
8006 Zürich
Telefon 01/257 26 06
Telefon 01/257 26 26
SWISSAIR, Ärztlicher Dienst,
Schulgebäude A
8058 Zürich-Flughafen Kloten
Telefon 01/812 68 39

195

Der Papierkrieg	Identitätskarte (oder seit weniger als 5 Jahren abgelaufener Schweizerpass)	Identitätskarte oder gültiger Schweizerpass	gültiger Schweizerpass ohne Visum	gültiger Schweizerpass mit Visum	gültiger Schweizerpass mit Touristenvisum	gültiger Schweizerpass mit Ein- und Ausreisevisum	Schweizerpass (noch neun Monate gültig) ohne Visum	Schweizerpass (noch sechs Monate gültig) ohne Visum	Schweizerpass (mindestens noch für die Aufenthaltsdauer gültig) und Visum
Westeuropa									
– Andorra	*								
– Belgien		*							
– Dänemark		*							
– Deutschland (BRD)		*							
– Finnland		*							
– Frankreich		*							
– Gibraltar			*						
– Griechenland		*							
– Grossbritannien			*						
– Irland			*						
– Italien	*								
– Luxemburg	*								
– Malta	*								
– Norwegen		*							
– Österreich	*								
– Portugal		*							
– Schweden		*							
– Spanien	*								
Osteuropa									
– Bulgarien *(weniger als 48 Stunden Aufenthalt erfordert Durchreisevisum)*			*						
– Deutschland (DDR)				*					
– Jugoslawien *(ab 3 Monaten Aufenthalt ist ein Visum erforderlich)*		*	*[1]						
– Polen				*					

Der Papierkrieg	Identitätskarte (oder seit weniger als 5 Jahren abgelaufener Schweizerpass)	Identitätskarte oder gültiger Schweizerpass	gültiger Schweizerpass ohne Visum	gültiger Schweizerpass mit Visum	gültiger Schweizerpass mit Touristenvisum	gültiger Schweizerpass mit Ein- und Ausreisevisum	Schweizerpass (noch neun Monate gültig) ohne Visum	Schweizerpass (noch sechs Monate gültig) ohne Visum	Schweizerpass (mindestens noch für die Aufenthaltsdauer gültig) und Visum
— Rumänien				*					
— Tschechoslowakei			*						
— UdSSR					*				
— Ungarn			*						
Nordafrika									
— Ägypten			*[2]						
— Algerien (*Pässe mit einem gültigen oder verfallenen Israel-Visum werden abgelehnt*)		*							
— Marokko		*							
— Tunesien		*							
Naher Osten									
— Israel (*ab 3 Monaten Aufenthalt ist ein Visum erforderlich*)						*			
— Libanon (*Pässe mit einem gültigen oder verfallenen Israel-Visum werden abgelehnt*)			*						
— Türkei		*							
— Zypern		*							
Amerika									
— Kanada		*							
— Mexiko								*	
— USA									*

[1] Es ist heute von Vorteil, statt mit Identitätskarte mit gültigem Reisepass in Jugoslawien einzureisen.

[2] Muss mindestens 2 Monate über das Ende des Aufenthalts hinaus gültig sein.

Klimaverhältnisse

Klimatabelle: M = Monatstemperatur W = Wassertemperatur R = Regentage (ungefähre Durchschnittswerte)

Reiseziel	Januar M	W	R	Februar M	W	R	März M	W	R	April M	W	R	Mai M	W	R	Juni M	W	R	Juli M	W	R	August M	W	R	Sept. M	W	R	Oktober M	W	R	Nov. M	W	R	Dez. M	W	R
Afrika																																				
Elfenbeinküste/Abidjan	26	20	3	27	21	5	27	21	8	28	21	10	28	21	16	26	20	19	25	20	13	24	19	5	24	19	7	25	20	11	25	20	8	26	20	7
Kamerun/Duala/Küste	25	21	5	26	22	6	26	22	8	26	22	9	26	22	12	25	21	16	24	21	21	24	20	19	24	20	17	25	21	11	25	21	8	25	21	7
Kamerun/Garoua/Nord	24		0	26		0	28		2	28		4	28		6	26		8	26		8	25		8	26		10	26		5	24		5	24		0
Kenya/Mombasa	32	25	4	32	26	5	33	26	5	31	26	10	29	26	14	29	25	9	28	23	11	28	23	13	29	25	9	30	25	13	31	25	7	32	25	6
Kenya/Nairobi/Safari	20		4	21		4	20		9	22		14	22		13	23		12	25		13	25		11	27		7	31		7	24		19	19		8
Senegal	20	19	3	20	18	4	20	18	3	22	17	7	22	15	10	23	13	4	25	13	10	25	14	14	27	14	17	31	16	17	18	17	13	22	18	3
Südafrika/Johannesburg	21		4	21		4	20		4	17		3	15		9	13		12	13		11	13		11	14		12	16		17	20		6	25		5
Südafrika/Kapstadt	26	18	4	26	19	3	25	19	3	22	18	8	20	17	17	18	16	10	17	15	15	18	14	14	19	15	16	29	18	16	25	18	3	25	18	4
Tansania/Norden	19		4	20		4	20		9	20		15	18		14	17		7	15		3	17		4	18		6	19		6	18		13	18		7
Tansania/Küste	31	26	12	30	25	11	29	25	15	29	24	13	29	24	11	28	24	8	28	24	7	29	25	5	30	25	3	30	25	3	33	26	8	32	26	10
Indischer Ozean																																				
Madagaskar	28	26	17	28	25	16	27	25	17	26	26	11	24	22	4	22	21	12	20	20	12	21	20	15	24	22	11	25	24	14	26	24	15	28	25	16
Malediven (Inseln)	24	25	3	26	25	3	26	25	3	27	27	8	27	27	12	26	25	8	26	25	8	26	25	4	25	25	4	25	25	9	24	25	4	24	25	3
Mauritius	28	26	17	28	26	16	27	25	17	26	23	16	24	23	14	22	22	12	22	22	13	22	22	14	23	22	9	25	23	9	26	24	5	28	25	14
Reunion	26	24	15	26	24	14	25	23	15	24	21	14	22	20	14	20	20	12	20	20	12	20	20	14	21	20	9	23	21	9	24	22	5	26	24	4
Seychellen	27	22	15	26	23	10	28	23	10	28	22	13	27	24	9	27	23	5	26	22	5	26	23	7	26	22	8	27	23	8	27	23	12	28	22	15
Ferner Osten																																				
Hongkong	15	15	6	15	15	8	18	16	11	22	18	12	25	20	16	28	22	21	28	22	19	28	22	17	27	21	14	25	20	8	21	19	6	17	15	5
Indien Norden	19		1	22		2	32		1	30		2	29		7	29		13	29		18	29		18	29		13	27		6	23		1	19		0
Indien Süden	29	23	2	30	23	1	34	25	1	34	25	2	37	26	2	37	26	6	35	26	6	34	26	12	33	26	10	31	25	12	29	24	12	28	24	8
Indonesien: Bali und Java	32	25	19	32	25	18	30	25	15	30	24	10	29	24	8	28	24	7	28	24	7	27	24	8	28	25	10	30	25	11	31	26	26	24	25	
Japan	4		8	5		8	7		13	13		14	16		14	21		16	25		15	27		13	24		17	17		14	11		10	5		
Malaysia	28	23	4	28	24	3	29	24	4	30	25	4	32	25	19	32	25	13	30	25	25	30	24	19	29	24	19	29	24	16	28	24	11	28	24	7
Nepal/Kathmandutal	15		3	17		3	26		2	26		2	25		9	25		13	23		13	24		17	24		12	22		6	16		4	15		7
Philippinen	24	22	5	24	22	5	26	23	14	27	24	14	28	25	16	28	25	16	27	25	20	26	25	22	26	24	21	26	24	17	25	23	12	24	22	2
Singapur	28	23	16	30	24	11	30	25	14	32	25	14	32	25	14	32	25	14	34	25	14	35	24	14	34	24	13	32	24	16	30	24	20	28	24	22

Klimaverhältnisse

Klimatabelle: M = Monatstemperatur W = Wassertemperatur R = Regentage (ungefähre Durchschnittswerte)

Reiseziel	Januar			Februar			März			April			Mai			Juni			Juli			August			Sept.			Oktober			Nov.			Dez.		
	M	W	R	M	W	R	M	W	R	M	W	R	M	W	R	M	W	R	M	W	R	M	W	R	M	W	R	M	W	R	M	W	R	M	W	R
Sri-Lanka (Ceylon)	29	23	8	30	23	7	30	24	9	31	25	14	30	25	19	30	25	18	29	25	12	29	25	11	30	25	13	29	24	19	29	24	16	30	24	10
Taiwan	12		18	14		18	18		18	20		17	24		11	26		12	28		13	30		13	28		13	26		17	20		18	14		19
Thailand/Bangkok	26	22	1	28	23	2	29	23	2	30	24	4	32	24	18	32	24	20	32	25	25	32	25	20	32	25	22	28	24	18	26	23	6	24	23	2
Pazifik/Südsee																																				
Australien/Sidney	22	18	13	22	20	12	21	19	13	16	16	14	15	15	12	13	13	13	12	12	12	13	12	12	15	13	11	18	15	11	19	17	11	18	17	13
Fidji	30	25	14	29	24	12	29	24	11	28	24	10	28	24	9	26	24	8	25	23	8	25	23	8	26	23	10	27	24	12	29	24	14	30	25	14
Hawaii/Honolulu	24	23	8	23	23	8	25	23	9	25	24	10	26	24	12	26	25	12	27	25	14	29	25	14	28	25	14	27	25	14	25	24	10	25	24	9
Neuseeland	23		13	23		11	20		12	17		13	15		14	12		11	11		11	13		10	15		11	18		12	19		12	21		13
Tahiti	29	25	14	28	24	12	26	24	11	26	24	11	25	24	10	24	23	8	24	23	8	24	23	9	24	23	10	25	24	12	26	25	14	28	25	14
Nordamerika																																				
Kanada/Montreal	−9			−8			−2			5			13			19			22			20			15			10			3			−5		
USA/New York	4		8	5		7	9		9	15		9	21		8	25		8	28		8	27		8	24		6	18		5	12		7	6		8
USA/Los Angeles	18	14	4	19	14	3	20	15	3	22	15	3	23	16	1	25	18	1	28	19	0	29	20	0	28	19	0	25	18	1	23	17	3	19	15	4
USA/Florida	18	14	4	19	14	3	23	16	1	23	16	1	25	18	0	26	19	0	28	19	0	28	20	0	28	19	0	25	18	1	23	17	3	19	15	4
Zentralamerika																																				
Guadeloupe/Martinique	24	22	9	24	23	9	25	24	6	26	25	7	26	25	10	27	26	12	27	26	12	27	26	10	26	25	13	26	25	9	26	25	9	25	24	9
Guatemala	23		2	25		2	27		3	28		5	29		10	27		17	27		20	26		16	26		17	24		13	23		8	22		2
Mexiko/Küste	27	25	4	28	25	2	31	26	1	32	26	2	33	27	5	32	27	10	32	28	11	32	28	12	31	28	13	30	27	7	28	25	3	27	25	3
Mexiko/Mexiko-City	12		4	14		4	16		3	18		1	19		6	19		10	18		20	18		24	17		20	16		13	14		6	12		4
Südamerika																																				
Argentinien/Buenos-Aires	21		9	21		8	19		7	16		8	13		7	11		7	10		8	12		8	14		8	16		8	18		8	21		7
Bolivien	18		21	18		18	18		18	18		11	17		5	17		2	17		2	17		2	17		7	18		9	18		11	19		18
Brasilien/Rio	26	22	13	26	23	11	26	23	12	24	22	10	22	21	10	21	20	7	21	20	7	21	21	7	21	21	11	22	22	13	24	22	13	25	22	14
Kolumbien	21		9	21		11	21		13	21		15	21		14	21		9	21		7	21		8	21		11	21		15	21		14	21		7
Ecuador	21		9	21		11	21		15	21		15	21		13	21		8	21		5	21		8	21		11	21		13	21		11	21		7
Peru/Küste	25		13	26		11	25		12	22		10	20		12	17		13	17		17	17		18	17		19	18		18	20		12	25		14
Peru/Hochland	18		21	18		18	18		16	17		11	17		5	16		2	16		2	17		2	18		7	19		9	19		11	19		18
Venezuela	21		9	21		11	21		13	21		13	21		13	21		12	21		13	21		14	21		13	21		13	21		11	21		7

Die Reisekasse

A) Westeuropa und Jugoslawien

Land/Währung
Mitnahme von Banknoten

Stand Januar 1984
Mittlerer Kurs

Andorra fFr. oder Pesetas
Ein- und Ausreise: unbeschränkt

fFr. 100.— SFr. 27.25
Ptas. 100.— SFr. 1.50

Belgien Belgische Franken
Ein- und Ausreise: unbeschränkt

bFr. 100.— SFr. 4.—

Dänemark Dänische Kronen
Einreise: unbeschränkt
Ausreise: dKr. 50'000.–,
andere Währungen unbeschränkt.

dKr. 100.— SFr. 23.—

Deutschland Bundesrepublik Deutsche Mark
Ein- und Ausreise: unbeschränkt

DM 100.— SFr. 80.75

Finnland Finnmark
Einreise: unbeschränkt, Dekl. empfohlen
Ausreise: Fmk 5000.–, andere Währungen
bis zum dekl. Betrag

Fmk 100.— SFr. 38.50

Frankreich Französische Franken
Einreise: unbeschränkt
Ausreise: (Touristen) fFr. 5000.–
oder der beim Eintritt dekl. Betrag in
anderer Währung

fFr. 100.— SFr. 27.25

Gibraltar Gibraltar Pfund
Ein- und Ausreise: unbeschränkt

G£ 1.— SFr. 3.20

Griechenland Drachmen
Einreise: Dr. 3000.– oder
Gegenwert von US$ 500.–
Höhere Beträge dekl.-pflichtig
Ausreise: Dr. 3000.– oder
Gegenwert von US$ 500.– oder dekl. Betrag

Dr. 100.— SFr. 2.20

Grossbritannien Pfund Sterling
Ein- und Ausreise: unbeschränkt

£ 1.— SFr. 3.25

Irland Irische Pfund
Einreise: unbeschränkt, Dekl. empfohlen
Ausreise: Ir£ 500.– oder andere Währungen
bis zum dekl. Betrag

Ir£ 1.— SFr. 2.53

Island Isländische Kronen
Ein- und Ausreise: unbeschränkt,
Deklaration empfohlen

iKr. 100.— SFr. 8.50

Italien Lire
Einreise: Lit. 200'000.– in Noten bis
Lit. 50'000.—, andere Währungen
unbeschränkt

Lit. 10'000.— SFr. 14.—

200

Land/Währung **Mitnahme von Banknoten**	Stand Januar 1984 **Mittlerer Kurs**	

Ausreise: Lit. 200'000.– in Noten bis
Lit. 50'000.–, andere Währungen bis
Gegenwert von Lit. 1 Mio. oder
dekl. Betrag

Jugoslawien Jugoslawische Dinar   Din. 100.—   SFr. 1.70
Einreise: Din. 1500.– in Noten,
andere Währungen unbeschränkt
Ausreise: Din. 1500.– in Noten,
andere Währungen unbeschränkt

Luxemburg Luxemburgische Francs   lFr. 100.—   SFr. 4.—
Ein- und Ausreise: unbeschränkt

Malta Malta-Pfund   £M 1.—   SFr. 4.90
Einreise: £M 50.–, andere Währungen
unbeschränkt (dekl.-pflichtig)
Ausreise: £M 25.–, andere Währungen
bis zum dekl. Betrag

Niederlande Gulden   hfl. 100.—   SFr. 72.—
Ein- und Ausreise: unbeschränkt

Norwegen Norwegische Kronen   nKr. 100.—   SFr. 29.25
Einreise: unbeschränkt
Ausreise: nKr. 2000.–, andere
Währungen bis Gegenwert von nKr.
10'000.–

Österreich Schilling   öS 100.—   SFr. 11.50
Einreise: unbeschränkt
Ausreise: öS 15'000.–, andere
Währungen unbeschränkt

Portugal Escudos   Esc. 100.—   SFr. 1.90
Einreise: Esc. 5000.–, andere Währungen
bis zum Gegenwert von Esc. 20'000.–,
höhere Beträge dekl.-pflichtig
Ausreise: Esc. 5000.–, andere Währungen
bis zum Gegenwert von Esc. 25'000.–
oder dekl. Betrag

Schweden Schwedische Kronen   sKr. 100.—   SFr. 28.25
Einreise: unbeschränkt
Ausreise: sKr. 6000.–, andere
Währungen unbeschränkt

Spanien Pesetas   Ptas. 100.—   SFr. 1.50
Einreise: Ptas. 100'000.–, andere
Währungen bis Gegenwert von Ptas.
80'000.–, höhere Beträge dekl.-pflichtig
Ausreise: Ptas. 20'000.–, andere
Währungen bis zum dekl. Betrag

Land/Währung **Mitnahme von Banknoten**	Stand Januar 1984 **Mittlerer Kurs**	

Türkei Türkische Pfund
Einreise: Gegenwert in T£ von US$ 100.–,
andere Währungen unbeschränkt, dekl.-
pflichtig
Ausreise: Gegenwert in T£ von US$ 100.–,
andere Währungen bis zum dekl. Betrag

T£ 100.—   SFr. 1.—

Zypern Zypern-Pfund
Einreise: 10 Z£, andere Währungen
unbeschränkt (dekl.-pflichtig).
Ausreise: 10 Z£, andere Währungen
bis zum dekl. Betrag.

1 Z£   SFr. 4.10

B) Osteuropa und Überseeländer

Ägypten Ägypt. Pfund
Einreise: ä£ 20.–, andere Währungen
unbeschränkt, dekl.-pflichtig
Ausreise: ä£ 20.–, andere Währungen
bis zum dekl. Betrag. **Pflichtwechsel** von
US$ 150.– bei Ankunft in Ägypten,
ausgenommen Teilnehmer von organisierten
Reisen und Personen, die sich nicht länger
als 48 Std. aufhalten.

Schweiz: ä£ 1.—   SFr. 2.10
Ägypten: ä£ 1.—   SFr. 2.95

Albanien Lek
Einreise: Lek verboten, andere Währungen
unbeschränkt, dekl.-pflichtig
Ausreise: Lek verboten, andere Währungen
bis zum dekl. Betrag

Albanien: 100 Lek   SFr. 29.41

Algerien Dinar
Einreise: DA 50.–, andere Währungen
unbeschränkt, dekl.-pflichtig
Ausreise: DA 50.–, andere Währungen
bis zum dekl. Betrag

Schweiz: DA 100.—   SFr. 13.50
Algerien: DA 100.—   SFr. 43.30

Bulgarien Lewa
Einreise: Lewa verboten, andere
Währungen unbeschränkt. dekl.-pflichtig
Ausreise: Lewa verboten, andere
Währungen bis zum dekl. Betrag

1 Lew   SFr. 2.10

Deutsche Demokrat. Rep. Mark
Einreise: DDR M verboten, andere
Währungen unbeschränkt, dekl.-pflichtig
Ausreise: DDR M verboten, andere
Währungen bis zum dekl. Betrag
Mindestumtausch: Erwachsene über 15 Jahre
M 25.– pro Person und pro Tag, Kinder
von 6 bis 15 Jahren M 7.50 pro Kind und
pro Tag.

DDR M 100.—   SFr. 80.70

Land/Währung **Mitnahme von Banknoten**	Stand Januar 1984 **Mittlerer Kurs**	

Vom Mindestumtausch ausgenommen sind:
— Personen, die über Hotelgutscheine
  (Vouchers) und eine schriftliche
  Bestätigung der durch das
  Reisebüro der DDR vorgenommenen
  Reservationen verfügen.
— Kinder unter 6 Jahren.
— Dienstreisende.

Indien Indische Rupien *Einreise:* iR verboten, andere Währungen unbeschränkt, dekl.-pflichtig *Ausreise:* iR verboten, andere Währungen bis zum dekl. Betrag	iR 100.—	SFr. 21.—
Irak Irak-Dinar *Einreise:* ID 25.–, andere Währungen unbeschränkt, dekl.-pflichtig *Ausreise:* ID verboten, andere Währungen bis zum dekl. Betrag	Schweiz: ID 1.— Irak: ID 1.—	SFr. 2.65 SFr. 6.85
Iran Rial *Einreise:* Ri 20'000.–, andere Wäh- rungen unbeschränkt, dekl.-pflichtig *Ausreise:* Ri 20'000.–, andere Währungen bis zum dekl. Betrag	Schweiz: Ri 100.— Iran: Ri 100.—	SFr. — SFr. 2.44
Israel Schekel *Einreise:* unbeschränkt, Dekl. empfohlen *Ausreise:* IS 500.–, andere Währungen bis zum dekl. Betrag. Keine grossen Beträge umtauschen: Nicht verbrauchte Schekel können nur bis zum Gegenwert von US$ 3000.– pro Person in ausländische Währungen zurückgewechselt werden.	Schweiz: IS 100.—	SFr. 3.40
Jordanien Jordan-Dinar *Einreise:* unbeschränkt, dekl.-pflichtig *Ausreise:* JD 300.–, andere Währungen bis zum deklarierten Betrag	JD 1.—	SFr. 5.90
Kanada Kanadische $ *Ein- und Ausreise**: unbeschränkt * ausgenommen Silbermünzen im Wert von 5 kan. $	kan. $ 1.—	SFr. 1.75
Kuweit Kuweit-Dinar *Ein- und Ausreise:* unbeschränkt	KD 1.—	SFr. 7.40
Libanon Libanesische £ *Ein- und Ausreise:* unbeschränkt	L£ 100.—	SFr. 45.—

Land/Währung Mitnahme von Banknoten	Stand Januar 1984 Mittlerer Kurs	

Marokko Dirham
Einreise: DH verboten, andere Währungen
unbeschränkt, dekl.-pflichtig
Ausreise: DH verboten, andere Währungen
bis zum dekl. Betrag
Keine grossen Beträge umtauschen. Dauert
der Aufenthalt länger als 48 Std., können
höchstens 50% des gewechselten Betrages
wieder in ausländische Währung
zurückgewechselt werden.

DH 100.—   SFr. 28.50

Mexiko Mexikanische Pesos
Ein- und Ausreise: unbeschränkt

Schweiz: mexP. 100.—   SFr. 1.75
Mexiko: mexP. 147.80   US$ 1.—

Nepal Nepalesische Rupien
Einreise: NR verboten, andere Währungen
unbeschränkt, dekl.-pflichtig
Ausreise: NR verboten, andere Währungen
bis zum dekl. Betrag

NR 100.—   SFr. 15.—

Polen Zloty
Einreise: Zloty verboten, andere
Währungen unbeschränkt, dekl.-pflichtig
Ausreise: Zloty verboten, andere
Währungen bis zum dekl. Betrag
Pflichtwechsel: US$ 15.— pro Tag und pro
Person über 21 Jahre, US$ 7.— pro Tag und
pro Person von 16 bis 21 Jahren sowie
Studenten, die sich als solche ausweisen
können.

Polen: Zl. 100.—   SFr. 2.23

Vom Pflichtwechsel befreit sind:
— Reisende, die im voraus Hotel- oder
  Camping-Gutscheine (Vouchers) bezahlt
  haben.
— Teilnehmer organisierter Gruppenreisen.
— Kinder unter 16 Jahren in Begleitung
  Erwachsener.

Rumänien Lei
Einreise: Lei verboten, andere Währungen
unbeschränkt, Deklaration empfohlen
Ausreise: Lei verboten, andere Währungen
bis zum dekl. Betrag abzüglich der
gewechselten Summen
Pflichtwechsel: US$ 10.— pro Tag und pro
Person über 14 Jahre.
Vom Pflichtwechsel befreit sind:
— Reisende, die im voraus Hotel-
  Gutscheine (Vouchers) bezahlt haben.
— Kinder unter 14 Jahren.

Rumänien: Lei 100.—   Sr. 16.57

Sri Lanka Sri-Lanka-Rupie
Einreise: S.L.R. verboten, andere
Währungen unbeschränkt, dekl.-pflichtig
Ausreise: S.L.R. verboten, andere
Währungen bis zum dekl. Betrag

Sri Lanka: S.L.R. 1.—   SFr. −.0875

Land/Währung Mitnahme von Banknoten	Stand Januar 1984 Mittlerer Kurs	
Syrien Syrische Pfund *Einreise:* sy£ 200.–, andere Währungen unbeschränkt, dekl.-pflichtig *Ausreise:* sy£ 200.–, andere Währungen bis zum dekl. Betrag	Schweiz: sy£ 100.— Syrien: sy£ 100.—	SFr. 40.— SFr. 54.50
Tschechoslowakei Kronen *Einreise:* Kcs. verboten, andere Währungen unbeschränkt, dekl.- pflichtig *Ausreise:* Kcs. verboten, andere Währungen bis zum dekl. Betrag	Tschechoslowakei: Kcs. 100.—	SFr. 20.09
Tunesien Tunesische Dinar *Einreise:* tD verboten, andere Währungen unbeschränkt *Ausreise:* tD verboten, andere Währungen unbeschränkt* * Keine grossen Beträge wechseln, da nur 30% der im Lande umgetauschten Dinar in ausländische Währungen zurückgewechselt werden können (max. 100 tD). Devisen im Gegenwert von mehr als tD 500.– können nur wieder ausgeführt werden, wenn eine Einfuhrdeklaration vorliegt. Diese Bestimmung betrifft nicht die auf den Namen des Inhabers ausgestellten Reisechecks und Kreditbriefe.	Tunesien: tD 1.—	SFr. 3.01
UdSSR Rubel *Einreise:* Rbl. verboten, andere Währungen unbeschränkt, dekl.-pflichtig *Ausreise:* Rbl. verboten, andere Währungen bis zum dekl. Betrag	UdSSR: Rbl. 1.—	SFr. 2.85
Ungarn Forint *Einreise:* Ft. 100.– in Münzen, andere Währungen unbeschränkt, Deklaration empfohlen *Ausreise:* Ft. 100.– in Münzen, andere Währungen bis zum dekl. Betrag	Schweiz: Ft. 100.— Ungarn: Ft. 100.—	SFr. 4.— SFr. 4.85
USA US$ *Ein- und Ausfuhr:* unbeschränkt, Beträge über $ 5000.– dekl.-pflichtig	US$ 1.—	SFr. 2.14

Die Angaben entnahmen wir mit freundlicher Genehmigung des Touring-Clubs den Broschüren «Grenzformalitäten».

Sicher ist sicher

Schweizerische Rettungsflugwacht (REGA)
Dufourstrasse 43
8008 Zürich

Telefon
- **Administration**   **01/47 22 30**
- **Alarmzentrale**   **01/47 47 47**

Aus allen auf dieser Karte eingezeichneten Ländern sind medizinisch notwendige Repatriierungsflüge in die Schweiz an Bord von REGA-Ambulanzjets für Gönner unentgeltlich, an Bord von Kursflugzeugen aus allen Ländern der Welt (Auszug aus den REGA-Gönnerbestimmungen).

1 Iceland
2 Ireland
3 Great Britain
4 Norway
5 Sweden
6 Finland
7 Denmark
8 Netherlands
9 Belgium
10 Luxembourg
11 Germany FR
12 Germany DR
13 Poland
14 U.S.S.R.
15 Czechoslovakia
16 Hungary
17 Romania
18 Bulgaria
19 Turkey
20 Greece
21 Italy
22 France
23 Spain
24 Portugal
25 Austria
26 Iran
27 Iraq
28 Syria
29 Libya
30 Lebanon
31 Israel
32 Yugoslavia
33 Jordan
34 Egypt
35 Tunisia
36 Algeria
37 Morocco
38 Sahara
39 Mauritania
40 Mali
41 Niger
42 Chad
43 Sudan
44 Ethiopia
45 Yemen
46 South Yemen
47 Oman
48 United Arab Emirates
49 Qatar
50 Bahrain
51 Kuwait
52 Saudi Arabia
53 Senegal
54 Gambia
55 Guinea-Bissau
56 Guinea
57 Sierra Leone
58 Liberia
59 Ivory Coast
60 Upper Volta
61 Ghana
62 Togo
63 Benin
64 Nigeria
65 Cameroun
66 Central African Republic

Unterwegs

Telefon
Internationale Vorziffern für die Selbstwahl von Telefonverbindungen vom Ausland nach der Schweiz

Europa

Belgien	00(*)41
Bundesrepublik	0041
Dänemark	00941
DDR	0641
Finnland	99041
Frankreich	19(*)41
Griechenland	0041
Grossbritannien	01041
Irland	1641
Italien	0041
Jugoslawien	9941
Luxembourg	0041
Niederlande	09(*)41
Norwegen	09541
Österreich	050
Portugal	0741
Schweden	00941(*)
Spanien	07(*)41
Tschechoslowakei	0041
Türkei	9(*)941

Nordamerika

Kanada	011 41
Vereinigte Staaten von Amerika	011 41

Mittelamerika

Barbados	011 41
Bermudas	01(*)141
Costa Rica	00 41
El Salvador	0 41
Guadeloupe	19(*)41
Haiti	00 41
Honduras	00 41
Martinique	19(*)41
Mexiko	98 41
Panama	00 41
Trinidad/Tobago	01 41

Südamerika

Argentinien	00(*)41
Brasilien	00 41
Guayana franz.	19(*)41
Kolumbien	90 41
Niederländ. Antillen	00 41
Uruguay	00 41

Afrika

Ägypten	00 41
Algerien	00(*)41
Elfenbeinküste	00(*)41
Gabun	00(*)41
Kamerun	00(*)41
Libyen	00 41
Madagaskar	16(*)41
Malawi	101(*)41
Marokko	00(*)41
Namibia	091 41
Nigeria	009 41
Obervolta	00 41
Senegal	00(*)41
Seychellen	4 12
Sierra Leone	0 41
Südafrika	091 41
Swasiland	00 41
Tunesien	00 41

Asien

Bahrein	0 41
Brunei	00 41
Hongkong	106 41
Indonesien	00 41
Irak	00 41
Iran	00 41
Israel	00 41
Japan	001 41
Kuwait	00 41
Malaysia	00 41
Oman	00 41
Pakistan	00 41
Singapur	005 41
Sri Lanka	00 41
Taiwan	002 41

Ozeanien

Australien	0011 41
Neuseeland	00 41

(*) = Hinweiston abwarten

207

Anhang

Land	Sicherheitsgurten-Tragobligatorium	höchstzulässiger Blut-alkoholgehalt in ‰	innerorts km/h	ausserorts km/h	Autobahnen km/h	Wohnwagen ausserorts km/h	Wohnwagen Autobahnen km/h	Benzin Normal je Liter	Benzin Super je Liter	Währung
Belgien	Ja	0,8	60	90/120**	120	90	120	29.70/32.20	30.–/33.30	belg. Fr.
Bulgarien	Ja	0,0	60	80	120	80	80	1.29/1.40	1.61x	Leva
Dänemark	Ja	0,6	60	80	100	70	70	6.26	6.34	d. Kronen
Deutschland BRD	Ja	0,8	50	100	130 Richtgeschw.*	80	80	1.25/1.35	1.35/1.45	DM
Deutschland DDR	Ja	0,0	50	80	100	80	100	1.50	1.65x	Mark
Finnland	Ja	0,5	50	80/100**	120	80	80	3.58	3.72	f. Mark
Frankreich	Ja	0,8	60	90/110**	130****	90/110**	130****	4.49/4.60	4.79/4.90	f. Fr.
Griechenland	Ja	0,5	50	80 bei Regen 110	100	80 bei Regen 110	100	46.–	50.–	Drachmen
Grossbritannien	Ja	0,8	48	80/96	112	80	80	0.398	0.403	£ Sterling
Irland	Ja	1,25	48	96	96	56	56	0.62	0.64	£ irl.
Israel	Ja	0,5	50	80	90	80		18.90	20.50	Shekel
Italien	Nein	—*	50	***	***	80	100	1 250	1 300x	Liren
Jugoslawien	Ja	0,5	60	80/100	120	80	80	68.–	71.–x	Dinars
Luxemburg	Ja	0,8	60	90/120**	120	90	120	25.–	26.10	belg. Fr.
Niederlande	Ja	0,5	50	80	100	60/80	100	1.81	1.88	Florints
Norwegen	Ja	0,5	50	80	90	60/70	60/70	4.97	5.07	norw. Kr.
Österreich	Ja	0,8	50	100	130	100*****	100*****	10.80/11.–	11.20/11.50	Schilling
Polen	Nein	0,0	50	80	90	70	70	34.–	40.–x	Zloty
Portugal	Ja	0,8	60	90	120	70	70	81.–	84.–	Escudos
Rumänien	Nein	0,0	60	******	******	80	80	8.–	9.–x	Lei

Land	Sicherheitsgurten-Tragobligatorium	höchstzulässiger Blutalkoholgehalt in %	Geschwindigkeitsbeschränkungen für PW's					Benzin (Richtpreise)		
			innerorts km/h	ausserorts km/h	Autobahnen km/h	Wohnwagen ausserorts km/h	Wohnwagen Autobahnen km/h	Normal je Liter	Super je Liter	Währung
Russland	Ja	0,0	60	90	90	keine Vorschriften		0.40	0.50	Rubel
Schweden	Ja	0,5	50	70/90**	110	40 ohne Bremse 40 / 70 mit Bremse 70	80	4.19	4.29	s. Kronen
Schweiz	Ja	0,8	50/60	100	130	80	80	1.19/1.25	1.19/1.27	s. Fr.
Spanien	Ja	0,8	60	90/100**	120	********	100	87.–	97.–	Pesetas
Tschechoslowakei	Ja	0,0	60	90	110	80	80	8.–	9.– x	Kronen
Türkei	Ja	0,0	50	90	90	90	90	120.–	136.–	t£
Ungarn	Ja	0,0	60	80	100	70	80	18.50	20.–/21.50	Forint

Legende

* = keine gesetzlichen Bestimmungen

** = Strassen mit je 2 richtungsgetrennten Fahrbahnen

*** =

Hubraum	gewöhnliche Strassen	Autobahnen
bis 600 ccm	80 km/h	90 km/h
bis 900 ccm	90 km/h	110 km/h
bis 1300 ccm	100 km/h	130 km/h
über 1300 ccm	110 km/h	140 km/h

**** = Beschränkung auf 90 km/Std. für alle Fahrer, die weniger lang als 1 Jahr im Besitz des Führerscheins sind

***** = für Anhänger über 750 kg ausserorts 60 km/h, auf Autobahnen 70 km/h

****** =

Hubraum	gewöhnliche Strassen	Autobahnen
bis 1100 ccm	70 km/h	70 km/h
bis 1800 ccm	80 km/h	80 km/h
über 1800 ccm	90 km/h	90 km/h

******** = 90 km/h, oder, wenn der Anhänger schwerer ist als die Hälfte des Leergewichtes des Zugwagens: 80 km/h

x = verbilligte Benzingutscheine erhältlich, für Italien und Jugoslawien bei den ACS-Sektionen, für die übrigen Länder an der Grenze.

Die Angaben wurden uns freundlicherweise vom Automobil Club der Schweiz zur Verfügung gestellt. Stand Januar 1984.

Radio

Sendungen in deutscher Sprache
Die täglichen halbstündigen Sendungen von Schweizer Radio International werden zu folgenden Zeiten ausgestrahlt: 08.30, *11.00*, 12.00, 13.45, 17.30, 22.15, 23.30, 02.45, und 05.30 GMT/UTC.

Andere Sendungen in deutscher Sprache:
Informationssendungen vom Radio der deutschen und der rätoromanischen Schweiz (Radio DRS): täglich um *05.00* und 06.00 sowie montags bis samstags von 18.45 bis 19.30 GMT/UTC.

Frequenzen für Europa und angrenzende Gebiete:
Zwischen *(05.00)*, 06.00 und 22.45 GMT/UTC können sämtliche Sendungen auf den Frequenzen 3.985, 6.165 und 9.535 MHz (75.28, 48.66 und 31.46 Meter) empfangen werden.

Europäische Sommerzeit
Die in Kursiv-Schrift wiedergegebenen Sendezeiten sind nur für die Dauer der europäischen Sommerzeit gültig.

■ **500 kW**

Für weitere Informationen wenden Sie sich bitte an:

Schweizer Radio International
Pressestelle
3000 Bern 15
Telefon 031/43 92 22

Andere Masse und Gewichte
Obwohl man nun im englischen Sprachgebiet immer mehr auf das bei uns geläufige metrische System umstellt, trifft man noch vielerorts auf die alten Masseinheiten. Hier die gängigsten Werte:

Längenmasse:

1 inch	= 25,4 mm	
1 foot (12 inches)	= 0,3048 m	
1 yard (3 feet)	= 0,9144 m	
1 mile (land)	= 1,6093 km	
1 mile (sea)	= 1,853 km	

Gewichtsmasse

1 ounce	= 28,349 g	
1 pound	= 0,4535 kg	
1 stone	= 6,3502 kg	*USA*
1 hundredweight	= 50,8023 kg	*= 45,359 kg*
1 ton	= 1016 kg	*1 short ton = 907,18 kg*

Hohlmasse:

1 pint	= 0,5682 l	*= 473 l l*
1 quart	= 1,1364 l	*= 0,9461 l*
1 gallon	= 4,5459 l	*= 3,7851 l*

Regeln für Bergausflügler

Schweizer Alpen-Club (SAC)
Helvetiaplatz 4
3005 Bern
Telefon 031/43 36 11

Schweizerische Arbeitsgemeinschaft
für Wanderwege
Im Hirshalm 49
4125 Riehen
Telefon 061/49 15 35

Ferien in Entwicklungsländern

Für Informationen und Literatur
wenden Sie sich an:
Arbeitskreis Tourismus und
Entwicklung
Missionsstrasse 21
4003 Basel
Telefon 061/25 33 99
oder:
Informationsdienst 3. Welt
Monbijoustrasse 31
3007 Bern
Telefon 031/26 12 32

Gut vorbereitete Reisen in
Entwicklungsländer organisieren:
Audiatur, Gesellschaft für
ökumenisches Reisen
Bermenstrasse 7c
2503 Biel
Telefon 032/25 90 69

IGT-Reisen AG
Alpenstrasse 4
Postfach 373
6000 Luzern
Telefon 041/51 21 23

Empfehlenswerte Literatur:
Ueli Mäder
Fluchthelfer Tourismus:
Wärme in der Ferne?
rotpunktverlag, ca. Fr. 8.—

Arbeitskreis Tourismus
und Entwicklung, Basel
Reisen in die 3. Welt
ca. Fr. 2.50

Jost Krippendorf
Die Ferienmenschen
Für ein Verständnis von
Freizeit und Reisen
Orell Füssli, ca. Fr. 30.—

Alternativtourismus

Experiment in international living
Seestrasse 167
8800 Thalwil
Telefon 01/720 54 97

Transa, Gesellschaft zur
Förderung des Alternativtourismus
Josefstrasse 21
8005 Zürich
Telefon 01/42 90 40

Vereinigung Dritte Welt-Läden
Rathausgasse 45
3011 Bern
Telefon 031/22 62 32

Junge Leute unterwegs

CVJM/F-Bundessekretariat
Florastrasse 21
4600 Olten
Telefon 062/26 62 26

Globetrotter-Club
Travel Service
Rennweg 35
8001 Zürich
Telefon 01/221 13 21

Schweiz. Bund für Jugendherbergen
Hochhaus 9
Postfach 132
8958 Spreitenbach
Telefon 056/71 40 46

SSR/Schweiz. Studentenreisedienst
Bäckerstrasse 44
8026 Zürich
Telefon 01/242 30 00

Mitfahrzentrale VCS
Bahnhofstrasse 8
3360 Herzogenbuchsee
Telefon 063/61 26 26
Mo—Fr von 7.30—11.30
und 13.30—17 Uhr

Mitfahrzentrale VSETH
Leonhardstrasse 15
8001 Zürich
Telefon 01/47 01 93
Mo—Fr von 11—12 Uhr

Greyhound World Travel AG
Augustinergasse 17
8001 Zürich
Telefon 01/211 98 66

Wieder zu Hause

Paradies mit Fehlern

Schweiz. Reisebüro-Verband
Hardstrasse 316
8037 Zürich
Telefon 01/42 64 42

Stiftung für Konsumentenschutz
Schlossstrasse 137
3008 Bern
Telefon 031/45 34 44

Schweiz. Konsumentenbund
Kramgasse 58
3011 Bern
Telefon 031/22 56 24

Konsumentinnenforum
der deutschen Schweiz
Rämistrasse 39
8001 Zürich
Telefon 01/252 39 14

Schweizerischer Beobachter
Industriestrasse 54
8152 Glattbrugg
Telefon 01/829 61 11

Empfehlenswerte Literatur:
Rolf Metz
Rechtshandbuch für Reiseveranstalter,
Reisevermittler und Reisebüros
Verlag der METZ Consulting Corporation, Bern
Fr. 78.—

Die Welt des Tourismus befindet sich naturgemäss dauernd im Umbruch. Wir sind deshalb allen Lesern dankbar, die uns veränderte Gegebenheiten, aber auch Anregungen und Ergänzungsvorschläge mitteilen, damit wir sie bei weiteren Auflagen berücksichtigen können.

Beobachter-Buchverlag
Industriestrasse 54
8152 Glattbrugg
